Kants Begriff Der Erkenntnis Verglichen Mit Dem Des Aristoteles

Aicher, Severin, 1882-

Nabu Public Domain Reprints:

You are holding a reproduction of an original work published before 1923 that is in the public domain in the United States of America, and possibly other countries. You may freely copy and distribute this work as no entity (individual or corporate) has a copyright on the body of the work. This book may contain prior copyright references, and library stamps (as most of these works were scanned from library copies). These have been scanned and retained as part of the historical artifact.

This book may have occasional imperfections such as missing or blurred pages, poor pictures, errant marks, etc. that were either part of the original artifact, or were introduced by the scanning process. We believe this work is culturally important, and despite the imperfections, have elected to bring it back into print as part of our continuing commitment to the preservation of printed works worldwide. We appreciate your understanding of the imperfections in the preservation process, and hope you enjoy this valuable book.

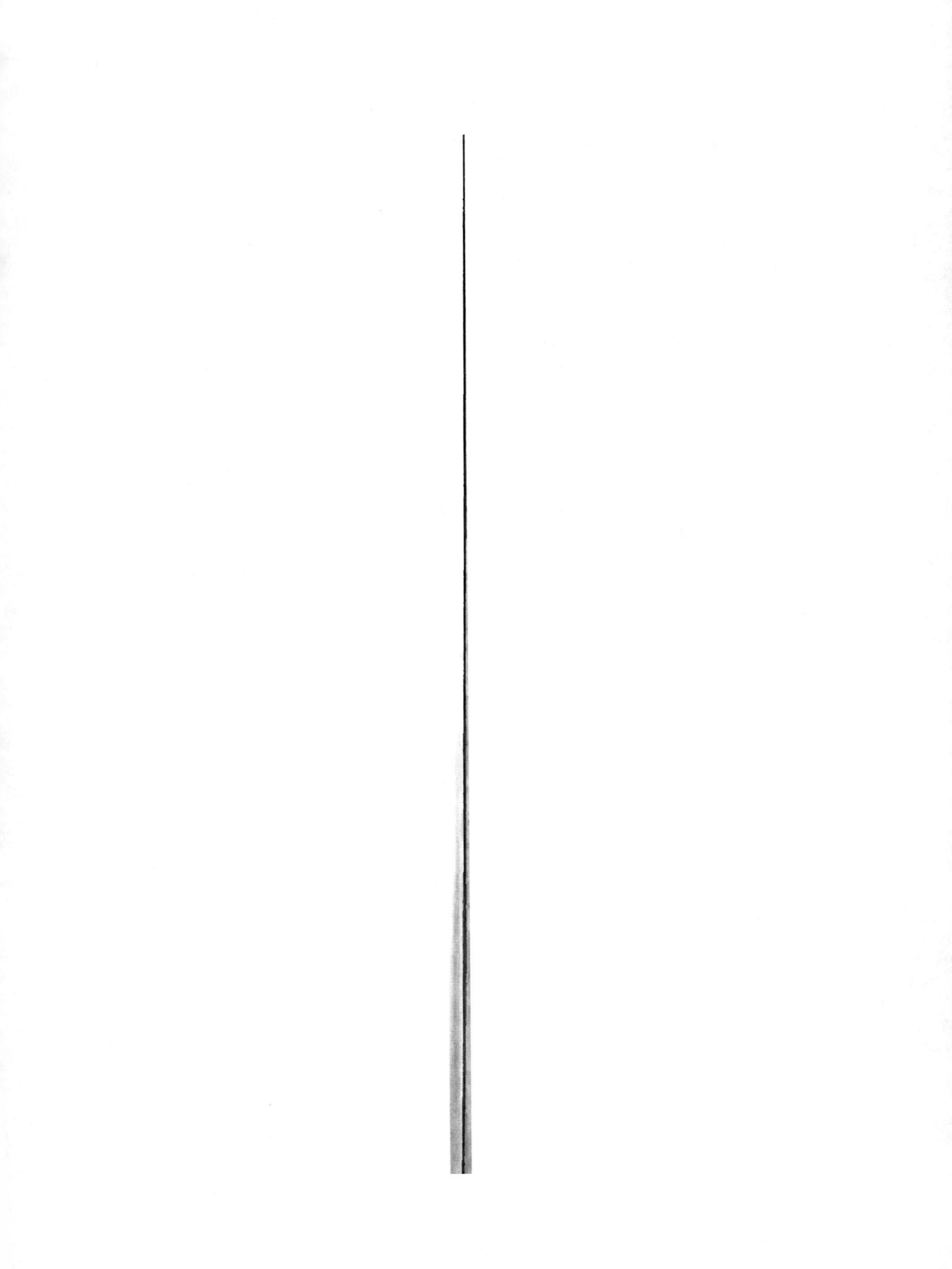

„Kantstudien".
Ergänzungshefte im Auftrag der Kantgesellschaft
herausgegeben von H. Vaihinger und B. Bauch. No. 6.

Kants Begriff der Erkenntnis

verglichen

mit dem des Aristoteles.

Von

Dr. Severin Aicher.

Gekrönte Preisschrift.

Motto: Le cœur a des raisons que la raison ne comprend pas. Pascal.

Berlin,
Verlag von Reuther & Reichard
1907.

===== Alle Rechte vorbehalten. =====

Jahresmitglieder der „Kantgesellschaft"
erhalten die „Kantstudien", sowie die Ergänzungshefte zu denselben
gratis.
Satzungen der Gesellschaft
durch Professor Dr. Vaihinger in Halle a. S. (Reichardtstrasse 15),
welcher auch Beitrittserklärungen entgegennimmt.

Inhalts-Angabe.

Einleitung.

1. Allgemeine Einleitung. (S. 1.)
Allgemeiner Überblick. — Welt des Seins, Welt des Erkennens. — Vermittelung zwischen beiden. — Kant und Aristoteles.

2. Spezielle Einleitung. (S. 2.)
Der Unterschied von Form und Stoff in der Naturphilosophie des Aristoteles. Transscendenz der Formen (Ideen) bei Plato. — Problem des Werdens. — Lösung durch Aristoteles. — Die Materie. — Unbestimmte Fassung derselben. — Materie bei Anaximander, Leukipp und Plato. — Materie etwas Vorkörperliches. — Die Form als gestaltendes Prinzip. — $\delta \acute{v} \nu \alpha \mu \iota \varsigma$ und $\acute{e} \nu \acute{e} \rho \gamma \epsilon \iota \alpha$. — Begriff der Materie relativ. — Die Form an das Einzelding gebannt. — Accidentelles Werden der Form. — Bedeutung des Unterschiedes zwischen Form und Stoff.

I. Teil. Die Erkenntnisfaktoren.
(Unterscheidung von Form und Stoff im Erkennen.)

A. Aristoteles.

1. Kapitel. Das Objekt. (S. 7.)
Die griechische Philosophie stets realistisch. — Begriffsphilosophie (Sokrates, Plato, Aristoteles). — Erkenntnis geht auf das Wesen. — Materie unerkennbar. — Vier Ursachen. — Form-Begriff. — Schwierigkeit dieser Gleichsetzung. — Die Form als Einheit in der Vielheit. — Wesensform nicht realiter, aber doch $\kappa \alpha \tau \grave{\alpha}\ \lambda \acute{o} \gamma o \nu$ abtrennbar. — Begriff ein Allgemeines und Bestimmtes zugleich. — Disharmonie zwischen Urmaterie und Urform. — Objekt der Erkenntnis ein relativ Allgemeines. — Zusammenfassung.

2. Kapitel. Das Subjekt. (S. 16.)
Vegetative, wahrnehmende, denkende Seele. — Der $\nu o \tilde{v} \varsigma$. — $\nu o \tilde{v} \varsigma$ $\pi o \iota \eta \tau \iota \kappa \acute{o} \varsigma$ und $\pi \alpha \vartheta \eta \tau \iota \kappa \acute{o} \varsigma$. — Fassungen bei den Kommentatoren. — Der $\nu o \tilde{v} \varsigma$ als $\acute{v} \pi o \kappa \epsilon \iota \mu \acute{e} \nu \omega\ \epsilon \tilde{\iota} \varsigma$. — $\nu o \tilde{v} \varsigma$ nicht ein solcher, der bald denkt, bald nicht denkt. — Menschlicher und göttlicher $\nu o \tilde{v} \varsigma$. — Der $\nu o \tilde{v} \varsigma$ als Mittelglied zwischen der an die Materie gebundenen und der reinen Form. — Zusammenfassung.

B. Kant.

3. Kapitel. Die Materie der Erkenntnis. (S. 22.)

Unterscheidung von Form und Stoff bei Kant. — Form und Materie der Erkenntnis bei Lambert und Tetens. — Diese Unterscheidung in der Entwickelung Kants. — Formale und materiale Grundsätze. — Die Anschauung. — Anschauung und Begriff. — Form und Materie der Anschauung: a) Materie der Anschauung: die Empfindung; b) Form der Anschauung: Raum und Zeit. — Entwickelung des Raumproblems: Parmenides, Plato. — Raum und Zeit bei Aristoteles. — Entwickelung bei Kant selbst. — 1770 kritische Ansicht vollendet: Raum und Zeit Anschauungsformen. — Raum und Zeit subjektive Zutaten der Sinnlichkeit. — Nicht Anschauung, sondern Anschauungsform. — Der Kantische Beweisgang. — Die Sinnlichkeit. — Raum und Zeit a priori. — Raum und Zeit nur subjektiv. — Die „dritte Möglichkeit". — Die Sinnlichkeit giebt nur Erscheinungen.

4. Kapitel. Die Form der Erkenntnis. (S. 34.)

Die Kategorien des Aristoteles. — Ihre Bedeutung. — Aufzählung derselben. — Tatsächliches Ableitungsprinzip. — Kants Auffindung der Kategorien. — Usus logicus und usus realis der Dissertation. — Reine Verstandesbegriffe. — Das Problem der Anwendbarkeit auf Gegenstände erst 1772 aufgeworfen. — Definition der Kategorien. — Problem der Kausalität bei Hume. — Bei Kant. — Kategorien: Einheitsfunktionen. — Kategorie und Urteilsform. — Das Urteil als Prinzip und Leitfaden zur Entdeckung der Kategorien. — Aufzählung der Kategorien. — Anschauungsform und Anschauung. — Denkform und Begriff. — Nur Anschauung und Kategorie Erkenntnis.

II. Teil. Der Erkenntnisprozess.

A. Aristoteles.

1. Kapitel. Der natürliche Weg zur Erkenntnis. (S. 44.)

a) Die Wahrnehmung.

Wahrnehmung eine Bewegung der Seele mittels des Leibes. — Medien der Sinne. — Wahrnehmen ein Leiden. — Objekt der Wahrnehmung. — Wahrheit der Sinneswahrnehmung.

b) Der innere Sinn. (S. 47.)

Der innere Sinn als überragender Sinn. — Als Sinn der gemeinsamen Objekte. — Die Beziehung auf den Gegenstand. — Wahrheit und Irrtum im Gebiete des inneren Sinnes. — Der innere Sinn als wahrnehmende Seele selbst.

c) Die Phantasie. (S. 50.)

Wahrnehmung und Phantasievorstellung. — Vorstellen und Denken. — Vorstellungsbild und Wahrnehmungsbild. — Wahrheit und Irrtum in der Vorstellung. — Der Vorstellungsprozess materialistisch aufgefasst.

d) Die Erinnerung. (S. 51.)

Zugehörigkeit der μνήμη zum πρῶτον αἰσθητήριον. — Erinnerung und Wahrnehmungsbild. — Zeitbewusstsein und Erinnerung. — Die Besinnung (ἀνάμνησις) willkürliche Erinnerung.

e) Die Erfahrung. (S. 53.)

Erinnerung führt zur Erfahrung. — Erfahrung und Erkenntnis. — Das Allgemeine in der Erfahrung.

2. Kapitel. Der methodische Weg zur Erkenntnis. (S. 54.)

Gegenstand der Erkenntnis. — Erkenntnis bei Plato. — Bei Aristoteles.

a) Die Induktion. (S. 56.)

Alles Lernen setzt schon gewisse Prinzipien voraus. — Arten der Prinzipien. — Weg zu den Prinzipien: Induktion. — ἐπαγωγή und ἐμπειρία — Induktion und Dialektik. — Schluss aus Induktion. — Mängel der Induktion. — Der νοῦς als das Prinzip der Verallgemeinerung. — Bedeutung der Wahrnehmung und Erfahrung. — Der νοῦς begleitet den ganzen Prozess. — Der νοῦς mit den νοητά wesensgleich.

b) Die Deduktion. (S. 67.)

Fortgang vom Allgemeinen zum Besonderen. — Der Beweis als Schluss. — Wesen des Schlusses. — Macht des Allgemeinen über das Besondere. — Stellung des Mittelbegriffs. — Form des Schlusses. — Prinzip des Schlusses. — Zweck der Beweisführung.

c) Die Begriffsbestimmung. (S. 72.)
(Definition.)

Definition und Beweis. — Definition und Einteilung. — Induktion und Definition. — Definition der Definition. — τί ἦν εἶναι und τί ἐστι. — Gattung und artbildende Unterschiede. — Definition von Einzeldingen. — ὕλη νοητή. — In der Definition erreicht der Erkenntnisprozess seine Vollendung.

B. Kant.

3. Kapitel. Affektion und Sinnlichkeit. (S. 82.)

Psychologische Elemente bei Kant. — Verstand und Sinnlichkeit. — Doppelte Affektion. — Die Empfindung als das Reale. — Die Formen der Sinnlichkeit und die Mathematik.

4. Kapitel. Synthesis des Mannigfaltigen. (S. 87.)

a) Das Vermögen derselben. (S. 88.)

Die Einbildungskraft. — Stadien der Synthesis: Apprehension, Reproduktion und Rekognition.

b) Die Bedingung derselben. (S. 90.)

Die Einheit des Selbstbewusstseins. — Das Selbstbewusstsein Bedingung aller Erkenntnis. — Analytische und synthetische Einheit der Apperzeption. — Möglichkeit der Kategorien.

c) Die Synthesis als eine un- bezw. vorbewusste. (S. 92.)
Wirken der produktiven Einbildungskraft in der Wahrnehmung. — Im ganzen Erkenntnisprozess. — Die Einbildungskraft trotzdem „sinnlich". — Einbildungskraft und Verstand.

d) Die Einheitsfunktionen. (S. 96.)
Die Kategorien. — Die Deduktion derselben. — Fassungen der Deduktion. — Prinzip der Möglichkeit der Erfahrung.

5. Kapitel. Die Anwendung der Kategorien auf Gegenstände (das transscendentale Schema). (S. 98.)
Die einzelnen Schemata. — Bedeutung derselben. — Schema und Grundsätze des reinen Verstandes.

Abschluss.
Logisches Verhältnis des Kantischen und Aristotelischen Systems.

6. Kapitel (Anhang). Das a priori bei Kant. (S. 101.)

1. Bedeutung des a priori.
A priori und a posteriori bei Aristoteles. — Bei Kant. — Kants Aussprüche über dasselbe. — Psychologisches oder transscendentales a priori. — A priori nicht Reaktionserscheinungen. — Objektivität des a priori.

2. Ermittelung des a priori.
Scheinbar wieder a priori erkannt. — Tatsächlich durch Zergliederung der Erfahrung gewonnen.

III. Teil. Der Erkenntnisbegriff
(Zusammenfassung).

Allgemeiner Überblick. — Bei Aristoteles sind die Vorstellungen das Sekundäre. — Leibnizens Lösung. — Wolff. — Kants Stellung in der Dissertation. — Problemstellung 1772. — In der Kritik der reinen Vernunft.

1. Kapitel. Das Urteil als Form der Erkenntnis. (S. 111.)

2. Kapitel. Der synthetische Charakter des Erkenntnisurteils. (S. 112.)

a) Bedeutung.
Analytisch und synthetisch bei Kant. — Scheinbare Relativität dieser Unterscheidung. — Prinzip der analytischen und synthetischen Urteile.

b) Tatsächlichkeit.
Erfahrung. — Mathematik. — Naturwissenschaft. — Metaphysik.

c) Die Aristotelischen Urteile an diesem Massstab gemessen.

3. Kapitel. Objektivität des Erkenntnisurteils. (S. 119.)

Das Objekt bei Aristoteles. — Übergang vom Objekt zum Subjekt. — Das Objekt bei Kant. — Der „Gegenstand" und das Ding an sich. — Die Erscheinung als alleiniges Objekt der Erkenntnis. — Objektivität bei Kant. — Grund derselben. — Kantisches und Aristotelisches „objektiv". — Erkenntnis bei Kant auf den Gegenstand der Erfahrung eingeschränkt.

4. Kapitel. Notwendigkeit des Erkenntnisurteils. (S. 128.)

Notwendigkeit bei Aristoteles. — Bei Kant. — „Meistenteils-Geschehen". — Meinung. — Wahrnehmungs- und Erfahrungsurteil. — Charakter der Notwendigkeit.

5. Kapitel. Wahrheit des Erkenntnisurteils. (S. 133.)

Wahrheit nach Aristoteles und Kant. — Wahrheit nur im Urteil. — Kriterien der Wahrheit. — Der Grund des Wahrseins bei Aristoteles und Kant.

Litteratur.

Aristotelis opera ed. Akad. Reg. Boruss. Berolini 1831 (mit Index Aristotelicus ed. H. Bonitz 1870).

Aristoteles, Metaphysik, übersetzt von H. Bonitz. Aus dem Nachlass herausgegeben von E. Wellmann. Berlin 1890.

J. Kants gesammelte Schriften. Herausgegeben von der Kgl. Preussischen Akademie der Wissenschaften, Bd. I—IV, u. X—XIII. Berlin 1900 ff.

J. Kant, Kritik der reinen Vernunft. Text der Ausgabe 1781 mit Beifügung sämtlicher Abweichungen der Ausgabe 1787. Herausgegeben von K. Kehrbach. 2. Aufl. Leipzig (Reclam).[1]

J. Kant, Vorlesungen über Metaphysik. Herausgegeben von Pölitz. Erfurt 1821.

J. Kant, Reflexionen zur Kritik der reinen Vernunft. Herausgegeben von B. Erdmann. Leipzig 1884.

Commmentaria in Aristotelem graeca ed. cons. et auct. Akad. Liter. Regiae Borussicae:
    V, 1: Themistius, Analytic. post. paraphrasis. ed. Wallies 1900.
    V, 3: Themistius, In libros Arist. de anima paraphrasis ed. R. Heinze, 1899.
    XV: Philoponus, In Arist. de anima libros commentaria ed. Hayduck, 1897.

Fr. Biese, Die Philosophie des Aristoteles. 2 Bde. 1835—1842.

Chr. A. Brandis, Handbuch der Geschichte der griechisch-römischen Philosophie. 3 Teile in 6 Bänden. Berlin 1835—1866.

A. Trendelenburg, Historische Beiträge. 3 Bde. Berlin 1846—1867.

Strümpell, Geschichte der theoretischen Philosophie der Griechen. Leipzig 1854.

Prantl, Geschichte der Logik im Abendlande. Leipzig 1855.

Chr. A. Brandis, Übersicht über das aristotelische Lehrgebäude und Erörterung der Lehren seiner nächsten Nachfolger. Berlin 1860.

---

[1]) Die Kritik der reinen Vernunft (Kr.) ist ausschliesslich nach dieser Ausgabe zitiert, die andern Schriften nach der Akademie-Ausgabe und soweit sie hier noch nicht erschienen sind, nach §§ oder sonstigen Angaben.

Chr. A. Brandis, Geschichte der Entwicklungen der griechischen Philosophie und ihrer Nachwirkungen im römischen Reich. Berlin 1862—66.

F. Brentano, Die Psychologie des Aristoteles. 1867.

J. St. Mill, System der deduktiven und induktiven Logik. Deutsch von J. Schiel. Braunschweig 1868.

Fr. Ferd. Kampe, Die Erkenntnistheorie des Aristoteles. Leipzig 1870.

Hertling, Materie und Form bei Aristoteles. Bonn 1871.

Fr. Michelis, Kant vor und nach dem Jahre 1770. Braunsberg 1871.

A. Hölder, Darstellung der Kantischen Erkenntnistheorie mit besonderer Berücksichtigung der verschiedenen Fassungen der transscendentalen Deduktion der Kategorien. Tübingen 1873.

H. Siebeck, Untersuchungen zur Philosophie der Griechen. 1873.

G. Teichmüller, Studien zur Geschichte der Begriffe. Berlin 1874.

Fr. Paulsen, Versuch einer Entwicklungsgeschichte der Kantischen Erkenntnistheorie. Leipzig 1875.

A. Stadler, Die Grundsätze der reinen Erkenntnistheorie in der Kantischen Philosophie. Leipzig 1876.

A. Riehl, Der philosophische Kritizismus und seine Bedeutung für die positive Wissenschaft. 2 Bde. 1876—87.

Cl. Baeumker, Aristoteles' Lehre von den Sinnesvermögen. Leipzig 1877.

R. Biese, Die Erkenntnislehre des Aristoteles und Kants. Berlin 1877.

W. Windelband, Über die verschiedenen Phasen der Kantischen Lehre vom Ding an sich. Vierteljahrsschrift für wissenschaftliche Philosophie I, 1877.

B. Erdmann, Kants Kritizismus. Leipzig 1878.

Ed. Zeller, Die Philosophie der Griechen: II, 2, Aristoteles und die alten Peripatetiker. 3. Aufl. 1879.

J. Volkelt, Kants Erkenntnistheorie nach ihren Grundprinzipien analysiert. Ein Beitrag zur Grundlegung der Erkenntnistheorie. Leipzig 1879.

H. Siebeck, Geschichte der Psychologie. I, 1 u. 2. Gotha 1880—84.

H. Vaihinger, Kommentar zu Kants Kritik der reinen Vernunft. 2 Bde. 1881—92.

H. Cohen, Kants Theorie der Erfahrung. 2. Aufl. Berlin 1885.

G. Thiele, Die Philosophie Kants nach ihrem systematischen Zusammenhange und ihrer logisch-historischen Entwicklung dargestellt und gewürdigt. I, 1 u. 2. Halle 1882—87.

Chr. Sigwart, Logik. 2 Bde. 2. Aufl. 1889—93.

G. Heymans, Einige Bemerkungen über die sogenannte empiristische Periode Kants. Archiv für Geschichte der Philosophie II. 1889.

Cl. Baeumker, Das Problem der Materie in der griechischen Philosophie. Münster 1890.

A. Bullinger, Aristoteles' Metaphysik in Bezug auf Entstehungsweise, Text und Gedanken. München 1892.

M. Heinze, Vorlesungen Kants über Metaphysik aus drei Semestern. Leipzig 1894. (Abh. d. Kgl. Sächs. Ges. d. W. 34.)

Ed. v. Hartmann, Kants Erkenntnistheorie und Metaphysik in den 4 Perioden ihrer Entwicklung. 1894.
O. Willmann, Geschichte des Idealismus. 3 Bde. 1894—97.
E. Adickes, Kantstudien. Kiel und Leipzig 1895.
H. Maier, Die Syllogistik des Aristoteles. 2 Teile. Tübingen 1896—1900.
E. Adickes, Die bewegenden Kräfte in Kants philosophischer Entwicklung und die beiden Pole seines Systems. Kantstudien I, 1897.
G. Simmel, Über den Unterschied der Wahrnehmungs- und Erfahrungsurteile. Kantstudien 1897.
K. Fischer, Geschichte der neueren Philosophie: J. Kant und seine Lehre. Teil I. 4. Aufl. Heidelberg 1898.
H. Maier, Die Bedeutung der Erkenntnistheorie Kants für die Philosophie der Gegenwart. Kantstudien II u. III. 1898 f.
Ritter et Preller, Historia philosophiae graeco-romanae. 8. Aufl. Herausgegeben von Wellmann. Gotha 1898.
Fr. Paulsen, J. Kant. Sein Leben und seine Lehre. 3. Aufl. 1899.
H. Siebeck, Aristoteles. Stuttgart 1899.
B. Erdmann, Umrisse zur Psychologie des Denkens. Philosophische Abhandlungen, Chr. Sigwart gewidmet. Tübingen 1900.
H. Maier, Logik und Erkenntnistheorie. Philos. Abhandl., Sigwart gew. Tübingen 1900.
Fr. Paulsen, Kants Verhältnis zur Metaphysik. Berlin 1900.
H. Vaihinger, Kant ein Metaphysiker. Philos. Abhandl., Sigwart gew. Tübingen 1900.
F. Staudinger, Der Streit um das Ding an sich und seine Erneuerung im sozialistischen Lager. Kantstudien IV, 1900.
W. Windelband, Vom System der Kategorien. Philos. Abhandl. Sigwart gew. Tübingen 1900.
M. Wartenberg, Sigwarts Theorie der Kausalität im Verhältnis zur Kantischen. Kantstudien V, 1901.
Überweg-Heinze, Grundriss der Geschichte der Philosophie. 9. Aufl. Berlin 1901.
Reininger, Das Kausalproblem bei Hume und Kant. Kantstudien VI, 1901.
H. Vaihinger, Aus 2 Festschriften. Beiträge zum Verständnis der Analytik und Dialektik in der Kritik der reinen Vernunft. Kantstudien VII, 1902.
Fr. A. Lange, Geschichte des Materialismus. 2 Bde. 7. Aufl. 1902.
H. Cohen, System der Philosophie: I. Logik der reinen Erkenntnis. Berlin 1902.
Thomsen, Bemerkungen zur Kritik des Kantischen Begriffes des Dinges an sich. Kantstudien VIII, 1903.
Fr. Paulsen, Kant und die Metaphysik. Kantstudien VIII, 1903.
Th. Gomperz, Griechische Denker. Eine Geschichte der antiken Philosophie. 2 Bde. 2. Aufl. Leipzig 1903.
W. Windelband, Geschichte der neueren Philosophie in ihrem Zusammenhang mit der allgemeinen Kultur und den besonderen Wissenschaften. 2 Bde. 3. Aufl. 1904.

R. Eisler, Wörterbuch der philosophischen Grundbegriffe. 2. Aufl. Berlin 1904.
A. Riehl, Helmholtz in seinem Verhältnis zu Kant. Kantstudien IX, 1904.
A. Riehl, Anfänge des Kritizismus. Methodologisches aus Kant. Kantstudien IX, 1904.
Gomperz, Weltanschauungslehre. I. Methodologie. Jena und Leipzig 1905.
C. Sentroul, L'objet de la metaphysique selon Kant et selon Aristote. Lonvain 1905.

Einleitung.
Die Unterscheidung von Materie und Form in der Naturphilosophie des Aristoteles.

Aristoteles und Kant — an geistiger Grösse, an Tiefe des Gedankens vergleichbar — sind einander in der Art ihres Denkens, in der ganzen Richtung ihres Forschens doch sehr ungleich. Jeder von ihnen hat seine eigene Grösse, ein Jeder von ihnen kann nur an sich selbst und seiner Zeit gemessen werden, falls es überhaupt einen Massstab für den Gedanken gibt. Wie ein unaufhörliches Auf- und Niederwogen geht es durch die Geschichte der Wissenschaften und vor allem der Philosophie, und gerade an ihren bedeutendsten Vertretern zeigt sich dieses Auf- und Niederwogen am deutlichsten. Man bewundert sie, man denkt sie nach, man geht über sie hinaus und nur allzu rasch sind sie dem Gedächtnis entschwunden. Doch gerade darin zeigt sich die Grösse, dass sie nie lange vergessen sind; sie steigen immer wieder empor. Wenn die Wissenschaft durch die Skepsis in ihren Grundlagen getroffen und völlig ihres Inhaltes beraubt scheint, dann bewahrheitet sich immer wieder das Wort, das Aristoteles an den Anfang seiner Metaphysik gesetzt hat: Πάντες ἄνθρωποι τοῦ εἰδέναι ὀρέγονται φύσει,[1]) und dieses Ringen nach Wissen zeigt sich dann mit elementarer Gewalt — es führt zurück zu den vergessenen grossen Denkern.

Es sind zwei Welten, welche der Philosophie ihre Probleme geben: die Welt des Seins und die Welt des Erkennens. So enge die beiden Gebiete aber auch zusammenhängen, so wenig Bedeutung das eine ohne das andere hat, so hat es doch lange gedauert, bis die philosophische Spekulation sich dem letzteren eingehender zuwandte. Nachdem sie aber einmal verquickt waren, konnten sie nicht mehr getrennt werden.

Ein guter Teil der philosophischen Denkarbeit aller Jahrhunderte ist in dem Bestreben aufgegangen, die Vermittlung zwischen Denken

---
[1]) Met. 980, a, 22.

und Sein, zwischen Subjekt und Objekt zu finden. Aber wer wollte behaupten, es sei eine vollbefriedigende Lösung gefunden? Und es werden verhältnismässig wenige sein, die hoffen, dass jemals eine solche gefunden werde.

Zwei Versuche, dieses schwierigste aller Probleme zu lösen, traten in der Geschichte der Philosophie besonders hervor — ebensowohl infolge der geistigen Kraft ihrer Begründer, als des harten Widerstreits, in den die beiden Systeme zu einander traten: es ist die Philosophie des Aristoteles, des Heros der alten, und das System Kants, des Bahnbrechers der neuen Philosophie. Das Problem ist das gleiche; der Weg zur Lösung gar verschieden und die Lösung selbst geradezu entgegengesetzt. Aristoteles schreitet vom Sein zum Denken fort, Kant vom Denken zum Sein. Beim ersteren fügt sich das Denken dem Sein, beim letzteren das Sein dem Denken. Was sie aber im tiefsten Grunde verbindet, was bei aller Verschiedenheit immer wieder als gemeinsames Merkmal hervortritt, ist die durchgreifende Unterscheidung von Formalem und Materialem, von Form und Stoff. Auf ihr ruht das ganze aristotelische System, ohne sie ist Kants Erkenntnistheorie unverständlich.

Aristoteles ist von der Untersuchung des Problems des Werdens, der Veränderung aus zu seiner Lehre von Form und Stoff gelangt. Schon Plato hatte zwischen Form und Stoff, zwischen den ewigen Ideen und den sinnlichen Erscheinungen scharf unterschieden, aber in dem Bestreben, die Ideen als die Gegenstände, die allein unser Geist erkennend zu erfassen vermag, möglichst weit der Sphäre des Unbeständigen, Veränderlichen, Sinnlichen zu entrücken, schuf er eine Kluft, welche die ohnedies schon rätselhafte Natur noch unverständlicher machte. Die Ideen standen als die Musterbilder hoch erhaben über ihren sinnlichen schwachen Nachbildern: In ihrer unerreichbaren Transscendenz konnten sie die Gewissheit des Wissens garantieren, aber sie hatten jede Bedeutung für die Naturerklärung verloren. Diese aber lag vor allem in dem Bestreben des Aristoteles. „Es muss wohl für unmöglich gelten," heisst es in seiner Metaphysik,[1] „dass die Wesenheit und dasjenige, dessen Wesenheit etwas ist, getrennt von einander existierten. Wie können denn also die Ideen, wenn sie die Wesenheiten der Dinge sind, getrennt von diesen existieren?" Die Wesenheit eines Dinges muss naturgemäss als im sinnlichen Ding selbst wirksam angenommen

---

[1] 991, b, 1 ff.

werden. Und dann: wie soll das Werden, das Entstehen und Vergehen erklärt werden, wenn nicht etwas besteht, woraus es wird und etwas, wozu es wird.[1]) Das erstere, dasjenige, woraus etwas wird, ist die Materie (ὕλη), der Stoff, der zu allem Sein und Werden das Substrat liefert.

Im Begriff der Entwicklung liegt für Aristoteles die Lösung des Problems des Werdens. Das eine Prinzip in der Entwicklung aber ist die Materie. Sie ist es, die „alles wird". Sie ist ein Seiendes, welches aber beziehungsweise ein Nichtseiendes ist, insofern sie einerseits das letzte Substrat darstellt, an dem sich alles Werden vollzieht, andererseits aber doch das noch nicht ist, was sie erst durch das Werden werden soll.[2]) Sie ist die hypostasierte Möglichkeit, gewissermassen der Knoten aller Bedingungen, ohne die jede Veränderung, jedes Werden unmöglich ist, die aber zur wirklichen Entwicklung positiv nichts beitragen. Aber diese δύναμις, dieses δυνάμει ὄν ist nicht Möglichkeit in dem Sinn, wie wir sie gewöhnlich verstehen = logische Denkbarkeit, sondern sie ist etwas Physisches.[3]) Und wir begreifen, wie Aristoteles die Materie so ganz unbestimmt fassen konnte, wenn wir bedenken, dass Anaximander als Prinzip des Seienden das ἄπειρον, das Unbegrenzte,[4]) Leukipp und Demokrit das Volle und das Leere (bezw. das Seiende und das Nichtseiende),[5]) Plato die Begrenzung und das Unbegrenzte[6]) oder nach der Deutung des Aristoteles[7]) den Raum (χώραν) setzte. — Materie bedeutet nicht etwa das Körperliche überhaupt, vielmehr ist sie etwas Unkörperliches,[8]) oder wenn der Ausdruck gestattet ist, etwas Vorkörperliches; sie ist die Möglichkeit, zum Körper zu werden,

---

[1]) Met. 999, b. 5.
[2]) Baeumker, Probl. 213; Simpl., phys. I, p. 236, 15 ff. ... αὐτὸς δὲ τὴν ἀπορίαν λύει διωρισμένως δεικνὺς ὅτι ἀνάγκη τὸ γινόμενον ἐξ ὄντος καὶ μὴ ὄντος γίνεσθαι τουτέστι πῇ μὲν ὄντος, πῇ δὲ μὴ ὄντος ...
[3]) 1039, b, 29; 1032, a, 22: δυνατὸν καὶ εἶναι καὶ μὴ εἶναι ἕκαστον, τοῦτο δ' ἐστίν ἐν ἑκάστῳ ὕλη.
[4]) Theophrast. Phys. Opin. fr. 2 op Simpl. Phys. 24, 13 D: Ἀναξίμανδρος ... ἀρχήν τε καὶ στοιχεῖον εἴρηκε τῶν ὄντων τὸ ἄπειρον, πρῶτος τοῦτο τοὔνομα κομίσας τῆς ἀρχῆς. Ritter-Preller, 13. vgl. Arist. Phys. III, 4; 203, b, 7.
[5]) Arist. Met. I, 4. 985, b, 4.
[6]) πέρας καὶ ἄπειρον. Phileb. 30 A. Ritter-Preller 249.
[7]) Phys. IV, 2, 209, b, 11: Πλάτων τὴν ὕλην καὶ τὴν χώραν ταὐτό φησιν.
[8]) De coelo III, 6. 305, a, 22 ... οὐδ' ἐκ σώματός τινος ἐγχωρεῖ γίνεσθαι τὰ στοιχεῖα. Vgl. Hertling, 25. Baeumker, Probl. 238 f.

wenn ein anderes Prinzip hinzutritt, die Form (εἶδος, μορφή), welche die gestaltende, wirkende Kraft in dem Entwicklungsprozess vom Möglichen zum Wirklichen darstellt.

Aristoteles fasst das gesamte Werden, alle Veränderung analog dem organischen Wachsen, dem Entstehen und Vergehen der lebendigen Organismen. Das Prinzip, welches im Keime wirksam ist, sodass sich aus ihm ein Individuum, ein τόδε τι entwickelt, ist die Form. Der Endpunkt dieser Entwicklung ist die Wirklichkeit (ἐνέργεια).

An dem Verhältnis zwischen Keim und Pflanze, Same und Tier lässt sich das Gegensatzpaar: δύναμις-ἐνέργεια, Möglichkeit — Wirklichkeit am besten veranschaulichen. Der Keim ist die Pflanze der Möglichkeit nach, die ausgewachsene Pflanze ist es in Wirklichkeit (ἐνεργείᾳ). Der Ruhepunkt nach vollendeter Entwicklung heisst ἐντελέχεια — die Vollendung, ein Wort, das, an τέλος anklingend, wohl die endgültige Erreichung und Erfüllung des jeweiligen Zweckes ausdrückt.[1]

Dies ist die Bedeutung von Form und Stoff, wie sie zunächst für Aristoteles massgebend war. Aber beide haben im aristotelischen naturphilosophischen Gebäude noch die verschiedensten Nebenfunktionen zu verwalten.

Entsprechend den verschiedenen Arten des Werdens, wie sie sich in der Natur von der Entstehung der einfachsten anorganischen Gebilde angefangen bis zu derjenigen der höchstentwickelten organischen offenbaren, haben wir auch verschiedene Arten von Materie anzunehmen, so dass der Begriff der Materie ein relativer wird. Eine völlig formlose Materie gibt es nicht; denn alles, was existiert, hat bereits eine, wenn auch noch so niedrige Form, aber mit Rücksicht auf eine höhere Form heisst auch der schon irgendwie formierte Stoff Materie.[2] Materie im eigentlichen Sinn ist und bleibt dem Aristoteles aber doch die Urmaterie, die dem substantiellen Werden zu Grunde liegt,[3] und die als völlig form- und gestaltlos[4] gedacht werden muss. Dass aber tatsächlich die Materie in diesem Stadium, d. h. abgetrennt von aller Form, nicht existiert, weist auf die enge Verbindung hin, wie sie sich ja auch aus der Analogie mit dem

---

[1] Vgl. Willmann, Gesch. d. Ideal. I, 473.
[2] De coelo 311, a, 12. Vgl. Lange, Gesch. d. Material. I, 163.
[3] 320, a, 2: ἔστι δὲ ὕλη μάλιστα μὲν καὶ κυρίως τὸ ὑποκείμενον γενέσεως καὶ φθορᾶς δεκτικόν...
[4] 1029, a, 20.

organischen Werden und Wachsen ergibt. Erst beide, Form und
Stoff zusammen, geben eine Substanz (οὐσία) im vollen Sinne des
Wortes,[1] ein Einzelding, ein Individuum. Das Wesen des Individuums
ist seine Form, die es zu dem gestaltet hat, was es ist; die Materie
in ihm ist nur die conditio sine qua non, die unerlässliche Bedingung
für die Wirksamkeit des formenden Prinzips. Keines von beiden,
weder Form noch Stoff, kann für sich gesondert existieren: der
göttliche Geist allein ist Form ohne Stoff.

Wenn aber die Form nur im Einzelwesen existiert, dieses
aber in stetigem Wechsel begriffen ist, so erhebt sich die schwierige
Frage, wie dann die Form, das Wesen der Dinge etwas Dauerndes,
Bleibendes sein könne.

Um nicht alles in der Flucht der Erscheinungen entschwinden
zu sehen, um nicht auf jede bleibende und wertvolle Erkenntnis
verzichten zu müssen, hatte einst Plato die Formen der Dinge,
die Ideen, dem Bereiche des Enstehens und Vergehens ganz entrückt.
Aristoteles bannt die Wesensform wieder an das Einzelding, gibt
aber faktisch damit die Einheit und Unveränderlichkeit der Idee
im platonischen Sinne auf. Er muss die gleiche Form als in den
verschiedenen Individuen real vervielfältigt betrachten;[2] inhaltlich
freilich sind diese Formen einander völlig gleich.[3] Hat aber jedes
Einzelding seine eigene Form in sich selbst, so wird, da das Einzelding entsteht und vergeht, vom aristotelischen Standpunkt aus
auch der Form ein Werden, wenigstens bis zu einem gewissen
Grade, beigelegt werden müssen. Ein eigentliches Werden der
Form gibt jedoch Aristoteles nicht zu,[4] sondern höchstens ein
accidentelles,[5] und bei seiner Unterscheidung von Wirklichkeit
und Möglichkeit lässt sich dies begreifen. Jedes Ding ist der
Möglichkeit nach bereits das, was es der Wirklichkeit nach erst
werden soll.[6] Weder Form noch Materie entstehen, sondern nur
die Vereinigung der beiden (ἡ σύνολος sc. οὐσία),[7] das Einzelwesen.
Denn würden auch die Prinzipien des Werdens, Form und Stoff,
entstehen und vergehen, so müsste es wieder etwas geben, aus

---

[1] 767, b, 34.
[2] Met. VII, 5, 1071, a, 27.
[3] ὁμοειδῆ De coelo I, 9, 278, a, 18 ff. Vgl. Baeumker, 286 f.
[4] 1033, b, 5.
[5] 1033, a, 28.
[6] 1034, a, 34: (τὸ σπέρμα) ἔχει δυνάμει τὸ εἶδος.
[7] 1033, b, 17.

dem sie werden und sofort bis ins Unendliche, was unmöglich ist.¹)

Es ist jedoch nicht zu verkennen, dass hier zwei Gedankenreihen zusammenlaufen, welche die Schwierigkeit weniger hervortreten liessen, die sich daraus ergibt, dass die Form an das vergängliche Einzelding gebunden und dennoch unvergänglich sein soll: die Wesensform des Einzeldinges ist identisch mit dem Begriff der Art. Wie aber der Begriff einer Kugel von der Entstehung oder Vernichtung einer bestimmten ehernen oder hölzernen Kugel nicht im geringsten berührt wird, so nach Aristoteles auch die Wesensform. Diese aber bedeutet ein immanentes Gesetz und damit in gewissem Sinn einen integrierenden Bestandteil des Dinges selbst, der nur in und mit dem Individuum existiert²) (den menschlichen und göttlichen νοῦς ausgenommen).

Hiermit scheint die grundlegende Bedeutung der aristotelischen Unterscheidung von Form und Stoff einigermassen charakterisiert, soweit sie Natur und Naturgeschehen betrifft. Sie sind die eigentlichen Prinzipien alles Geschehens, die Grenzpunkte, zwischen denen sich jede Entwicklung vom Un- bezw. Niedriggeformten zum Höhergeformten vollzieht. Vom Allgemeinsten und Unbestimmtesten, der Urmaterie, die jeder positiven Bestimmtheit entbehrt, schreitet die Entwicklung — dies Wort hier im logischen Sinn gebraucht — zum immer Bestimmteren fort, bis sie in dem individuellen Einzelding die angestrebte Form und damit zugleich auch ihren Zweck erreicht.³) Durch diese organische Verbindung der beiden Prinzipien ist einerseits der Werdeprozess ermöglicht, andererseits die Einheit des Individuums, die Einheit von Seele und Leib, aber auch die Einheit der Art gewahrt.

Mag auch der „Grundirrtum" dieser ganzen Theorie darin stecken, „dass der Begriff des Möglichen, des δυνάμει ὄν, das doch seiner Natur nach eine blosse subjektive Annahme ist, in die Dinge hineingetragen wird",⁴) jedenfalls bleibt sie ein grossartiger Versuch, die Natur mit ihrem Wechsel, ihrem Geschehen, wie sie sich uns in der Erfahrung darbietet, zu erklären.

---

¹) 192, a, 28.
²) Vgl. Baeumker Probl. 287 ff. Met. VII, 11; 1036, a, 36. und Bullinger 149.
³) Vgl. Siebeck, Unters. 156.
⁴) F. A. Lange, Gesch. d. Material. I, 164.

I. Teil.
Die Erkenntnisfaktoren (Die Unterscheidung von Formalem und Materialem im Erkennen).

1. Kapitel.
Das Objekt der Erkenntnis bei Aristoteles.

Das Prinzip, das einem Aristoteles das Problem des Seins löste, musste ihm ganz naturgemäss auch für das andere Problem, das des Denkens, bezw. Erkennens die Grundlage abgeben: Erkennen hier im gewöhnlichen Sinne gefasst als ein auf ein Objekt gerichtetes und dieses irgendwie ergreifendes Denken.[1]

Die griechische Philosophie hat den Geist, den die früheste Naturphilosophie atmete, nie ganz verleugnen können. Sie ist realistisch geblieben, selbst zur Zeit der Sophistik. Das Dasein einer von uns verschiedenen Aussenwelt hat auch die letztere nicht bezweifelt, und auch daran rüttelte sie nicht, dass allgemeingiltige Erkenntnis ein adäquates Abbild der realen Wirklichkeit darstelle, — was die Sophistik bezweifelte, war nur die Tatsächlichkeit allgemeingiltiger Erkenntnis. Der Mensch ist das Mass der Dinge; sein angebliches Erkennen ist rein subjektiv; Allgemeingiltigkeit hat hier keinen Raum. Damit aber ist ein wirkliches Erkennen tatsächlich aufgehoben.[2]

Um die Erkenntnis vor völliger Subjektivierung und Zersetzung durch die sophistische Skepsis zu bewahren, wies Sokrates auf die Begriffe als auf die allgemeingiltigen und adäquaten Abbilder wirklicher Dinge hin. Liegt ihm aber auch zunächst nur an der sicheren Basierung und dem Nachweis der unbedingten Giltigkeit der ethischen Begriffe, so war doch seine Lehre auch von grösster Bedeutung für die Erkenntnistheorie. Plato und nach ihm Aristoteles haben die sokratische Begriffsphilosophie weiter ausgebaut, und so verschieden sich im einzelnen auch die beiden Systeme darstellen, darin sind sie eins, dass Erkenntnis nur durch allgemeingiltige Begriffe möglich ist.

Allgemeingiltige Begriffe aber kann es nur von Dingen geben, die in unveränderlicher Dauer beharren: Ist der von meinem Denken erfasste Gegenstand jederzeit dem Wechsel unterworfen, dann giebt es von ihm keinen dauernden Begriff, keine bleibende

---

[1] F. A. Lange, Gesch. d. Material. I, 164.
[2] Vgl. Maier, Syllog. II, 2, 186.

Erkenntnis, d. h. überhaupt keine Erkenntnis. Dass aber die sinnliche Welt in beständigem Wechsel begriffen sei, steht seit dem πάντα ῥεῖ des Heraklit allen fest. Von ihr also giebt es keine Erkenntnis im eigentlichen Sinn, kein Wissen. Darum hatte Plato jenseits der Sphäre des irdischen Vergehens und Entstehens die Ideen angenommen, die, ihrem Wesen nach unveränderlich, einen würdigen Gegenstand der Erkenntnis darstellen. Aristoteles hatte diese Transscendenz der Ideen verworfen. Das Einzelding allein ist ihm wirklich (abgesehen vom νοῦς), es ist Substanz, οὐσία. Aber daneben betont er ebenso sehr, dass das Einzelding vergänglich ist, dass es entsteht und vergeht.

Da erhebt sich von neuem die Frage, was ist Gegenstand des Wissens? Denn auch Aristoteles verlangt ebenso wie Plato für das Wissen ein Objekt, das jedem Wechsel entrückt ist.[1]) Die Erkenntnis geht aber auf das „Was", auf das Wesen der Dinge.[2]) Das Wesen (τὸ τί ἦν εἶναι) aber ist nach Aristoteles mit der Form und diese mit dem Wesensbegriff identisch. In objektiver Hinsicht ist es die reale Wesensform, in subjektiver als Gegenstand der Erkenntnis der Begriff des Dinges.[3]) Die Form ist der an der Materie realisierte Begriff.[4]) Durch den Begriff erfassen wir im Vergänglichen das Unvergängliche, das bleibende Wesen der Dinge. Darnach könnte es scheinen, dass es nur vom schöpferischen Wesensbegriff ein Erkennen, ein Wissen gebe. Und in gewissem Sinne verhält es sich tatsächlich so. Wenn es, wie es sich später zeigen wird, einen Beweis und also ein Wissen der καθ' αὑτὸ ὑπάρχοντα, des Ansichzukommenden giebt, wenn wir Begriffe von höherer Allgemeinheit bilden, als sie der Wesensbegriff in sich enthält, z. B. Gattungsbegriffe, so beruht ihr Wert als Erkenntnisobjekte in letzter Linie doch in ihrer Beziehung zum schöpferischen Wesensbegriff. Erkenntnis, begriffliches Wissen, giebt es nur von Wirklichem; wirklich im eminenten Sinne

---

[1]) 1140, b, 31; 71, b, 15. 75, b. 24.

[2]) 996, b, 19. τὸ εἰδέναι ἕκαστον ... τότ' οἰόμεθα ὑπάρχειν, ὅταν εἰδῶμεν τί ἐστιν. Vgl. 1028, a, 36.

[3]) Hertling 49 ff., 55, 61 weist mit Recht darauf hin, dass Aristoteles auf verschiedenen Wegen zu den beiden Bedeutungen des εἶδος: Form und Wesen, bezw. Wesensbegriff gelangt sei; aber der Versuch, die beiden Bedeutungen im Sinne des Aristoteles auseinander zu reissen, scheint missglückt; denn für Aristoteles ruht auf dieser Gleichsetzung sein erkenntnistheoretisches System.

[4]) 403, b, 2; De an. I, 1 ὁ μὲν γὰρ λόγος εἶδος τοῦ πράγματος.

ist aber die in den Dingen wirksame Wesensform, und dann in zweiter Linie das, was in ihr enthalten ist, wie die Gattung im Wesensbegriff, oder was mit Notwendigkeit aus ihr folgt, wie die καϑ' αὑτὸ ὑπάρχοντα bezw. συμβεβηκότα.

Das Bleibende am Einzelding ist die Form, Prinzip der Veränderlichkeit aber ist die Materie.

Wo also das Seiende dem Erkennen eine Schranke setzt, da ist die Materie die Ursache. Sie ist ihrem ganzen Sein nach unerkennbar. Sie ist das Unbegrenzte oder Unendliche, freilich nicht im räumlichen Sinn, sondern nur als das völlig Unbestimmte und Bestimmungslose. Der Begriff ist aber Begrenzung, Bestimmung (ὅρος). Darum ist von der Materie kein Begriff und auch keine Erkenntnis möglich;[1] sie ist nur durch Analogieschluss erreichbar.[2]

Die individuellen Verschiedenheiten rühren alle vom Stoff her, wie die Individuation überhaupt auf der (passiven) Wirksamkeit der Materie beruht.[3] Alle zu einer Art gehörigen Individuen haben dasselbe Formprinzip (wenigstens begrifflich, wenn auch nicht numerisch); darauf allein beruht ja die Einheit der Art. Für den Begriff z. B. eines Pferdes macht es gar nichts aus, ob ich dabei dieses oder jenes individuelle Pferd im Auge habe, die unter sich ganz bedeutende Unterschiede aufweisen mögen. Die Form, das Wesen, das Pferd-sein kommt allen in ganz gleicher Weise zu und nur dieses allein kann Gegenstand des Erkennens werden. Die letzten Unterschiede lassen sich, eben weil sie von der Materie stammen, nicht mehr begrifflich bestimmen.[4] Sie sind etwas Zufälliges, Wechselndes, wie die Materie selbst; denn sie nehmen nicht teil an der unveränderlichen Wesensform und können demgemäss einem Ding gleich sehr zukommen und nicht zukommen.[5]

Somit scheinen zwei Prinzipien das ganze Wirken der Natur zu bestimmen: Form und Stoff. Indes unterscheidet Aristoteles

---

[1] 1037, a, 27.
[2] 191, a, 7. Vgl. Baeumker Probl. 238. Teichmüller, G. d. B. 311 ff. Eine Ausnahme macht allerdings die ὕλη νοητή, die jedoch nur im übertragenen Sinn Materie heissen kann. Sie wird bei der Begriffsbestimmung zu behandeln sein.
[3] 988, a. 2 f.
[4] Vgl. 1034, a, 7. 988, a, 2 ff. vgl. Baeumker 283 f.
[5] Anal. post. I, 4. 73, a, 34; b, 10 vgl. Zeller 234.

gewöhnlich vier Prinzipien oder Ursachen (ἀρχαί): die Material- und Formalursache, die bewegende und endlich die Zweckursache;[1]) aber die beiden letzteren lassen sich auf die zweite, die formale bezw. begriffliche Ursache, den schöpferischen Wesensbegriff (τὸ τί ἦν εἶναι) zurückführen. Die Wesensform ist das treibende Agens in der Entwickelung der Einzeldinge und darum von der bewegenden Ursache nicht verschieden und als gestaltendes Prinzip ist das τί ἦν εἶναι zugleich Prinzip der Zweckmässigkeit, ja sie fällt geradezu mit dem (immanenten) Zweck zusammen.[2]) Denn der Zweck eines Dinges besteht in der völligen Ausgestaltung der in ihm δυνάμει grundgelegten Form.

Wie bei Plato, so spielt auch bei Aristoteles der Zweck für die Erkenntnis eine grosse Rolle. Wer den Zweck kennt, kennt das Formprinzip und damit auch das Wesen eines Dinges: Der Zweck ist identisch mit dem Begriff.[3]) Wie beim künstlerischen Schaffen der Zweck erreicht ist, wenn das Kunstwerk in allem dem Begriff entspricht, den der Künstler erreichen wollte, wie ihm dies aber auch nur selten in vollem Masse gelingt, weil die Natur des Stoffes ihm gewisse Schranken setzt, so auch in der Natur. Der Begriff ist Ausdruck des Wesens, dieses aber ist zugleich der Zweck des Dinges und darum sind auch Begriff und Zweck identisch.

Die Einheit des aristotelischen Systems beruht demnach auf der Einheit von Form und Begriff. Die Wesensform ist zugleich Realgrund und Erkenntnisgrund. Als das reale Wesen des Einzeldings ist sie das Prinzip, welches die blosse Möglichkeit in Wirklichkeit verwandelt, welches aus der bestimmungslosen Materie das Einzelding mit all seinen Bestimmtheiten schafft — als Begriff ist sie ein Element im Zusammenhang der Erkenntnis. Sie ist der letzte Grund des So-seins eines Dinges. Kennen wir aber die

---

[1]) 194, b, 23: ἕνα μὲν οὖν τρόπον αἴτιον λέγεται τὸ ἐξ οὗ γίνεταί τι ἐνυπάρχοντος . . . ἄλλον δὲ τὸ εἶδος καὶ τὸ παράδειγμα. τοῦτο δ᾽ ἐστὶν ὁ λόγος ὁ τοῦ τί ἦν εἶναι καὶ τὰ τούτου γένη . . . ἔτι ὅθεν ἡ ἀρχὴ τῆς μεταβολῆς ἡ πρώτη ἡ τῆς ἠρεμήσεως . . . ἔτι ὡς τὸ τέλος. τοῦτο δ᾽ ἐστὶ τὸ οὗ ἕνεκα. Ebenso 983, a, 26, nur setzt Aristoteles hier τὴν οὐσίαν καὶ τὸ τί ἦν εἶναι an erster Stelle vgl. 996, b, 5.

[2]) 1044, b, 1 setzt Aristoteles τὸ τί ἦν εἶναι u. τὸ τέλος einander gleich, ebenso 198, a, 24 τὸ εἶδος u. τὸ οὗ ἕνεκα vgl. Ind. Arist. 764, b, 31.

[3]) Vgl. 198, a, 25: τὸ μὲν γὰρ τί ἐστι καὶ τὸ τοῦ ἕνεκα ἕν ἐστι.

letzte bezw. erste Ursache eines Dinges, so erkennen wir das Ding selbst.[1]

Nur eine Schwierigkeit scheint sich noch zu erheben: Die Form ist als das Wesen eines Einzeldinges doch ebenfalls etwas Einzelnes, der Begriff aber ist stets ein Allgemeines. Wirklich — das ist unzweifelhaft aristotelische Lehre — ist nur das Einzelne (das Individuum), erkennbar nur das Allgemeine.[2] Nur dieses ist Gegenstand des Wissens. —

So ganz unlösbar, wie sie Zeller[3] darstellt, scheint jedoch die Aporie auf aristotelischem Boden nicht zu sein, wenngleich sich Aristoteles in diesem Punkt offenbar enger an seinen Lehrer angeschlossen hat, als ihm seine sonstige Differenz gerade in der Ideenlehre leicht gestatten mochte.

Nur das Wirkliche im eminenten Sinn, das Unveränderliche, Bleibende kann Objekt des wahren Erkennens, des Wissens sein. Das Allgemeine aber ist kein Seiendes im eigentlichen Sinn, keine οὐσία, keine Substanz; denn Substanz ist nur das, was von keinem andern ausgesagt werden kann.[4] — Nur das Allgemeine ist Gegenstand des Wissens.[5] Das Einzelne kann höchstens der Wahrnehmung zugänglich sein — drei Thesen, die absolut unvereinbar zu sein scheinen. Soll die Schwierigkeit lösbar sein, so ist zum voraus klar, dass sie es nur mit Hilfe der Unterscheidung von Form und Stoff sein kann.

Die Form (εἶδος) ist nicht, wie Plato wollte, ein ἓν παρὰ τὰ πολλά, sondern ein ἓν κατὰ πολλῶν;[6] sie ist Einheit in der Vielheit, nicht aber neben bezw. über der Vielheit. Εἶδος bedeutet ja sowohl Wesensform, als auch Art und selbst Gattung. Ein Unterschied der Form ist ein Artunterschied. Ein und dieselbe Form, z. B. das Pferd-sein, ist in sämtlichen Individuen derselben Art verwirklicht, aber sie ist auch nur in diesem wirklich, d. h. sie hat ausser den Individuen keinerlei selbständige Existenz. So ist die Form ein Allgemeines, insofern ihre Bestimmtheiten allen

---

[1] 983, a, 25. τότε γὰρ εἰδέναι φαμὲν ἕκαστον, ὅταν τὴν πρώτην αἰτίαν οἰώμεθα γνωρίζειν. Vgl. Kampe 173.

[2] Vgl. 77, a, 7, und 1038, b, 34.

[3] 309 ff.

[4] 1029, a, 7; 1030, a, 5; 1041, a, 3.

[5] 417, b, 23: τῶν καθ' ἕκαστον ἡ κατ' ἐνέργειαν αἴσθησις, ἡ δ' ἐπιστήμη τῶν καθόλου.

[6] 77, a, 5.

unter die betreffende Art fallenden Individuen zukommen und von diesen allen ausgesagt werden können. Sie ist aber zugleich ein Wirkliches, sie ist Substanz als die Wesensform des bestimmten Individuums. Und sie ist ein Gegenstand des Wissens, freilich nicht insofern sie Gestaltungsprinzip des Einzeldinges ist, sondern als das Allgemeine, das der ganzen Art das Gepräge giebt.[1])

In der Wirklichkeit existiert die Form als das Wesen der Individuen der betreffenden Art in numerischer Vielheit, als Element der Erkenntnis aber in logischer Einheit als die Form κατ' ἐξοχήν. Dass diese begriffliche Einheit der Art von Aristoteles zuweilen zur platonischen Idee hypostasiert wurde, ist nicht zu verkennen. Aber er kommt auch immer wieder darauf zurück, dass das Allgemeine niemals ein selbständiges Dasein habe,[2]) und dass das εἶδος nicht abtrennbar sei, was soviel heisst, als dass ihm ausserhalb der Verbindung mit der Materie keinerlei Wirklichkeit zukomme. Der νοῦς des Menschen allein ist realiter abtrennbar (χωριστός), jede andere Wesensform dagegen nur begrifflich (κατὰ λόγον).[3]) Existenz hat also das Allgemeine nur im Begriff. Dies ist jedoch nicht so zu verstehen, als ob ihm nicht auch in der Wirklichkeit selbst etwas entspräche: Die Wesensform ist insofern allgemein, als sie (begrifflich gefasst) das Wesen mehrerer Einzeldinge ausmacht, aber sie existiert nicht als Allgemeines, sondern nur verbunden mit dem Stoff als ein bestimmtes Individuum.

Die Form ist οὐσία nur als das Wesen dieses bestimmten Einzeldings und als solches diesem einzelnen eigentümlich. Realiter sind Wesen bezw. Form und Stoff gar nicht zu trennen, sie sind eine Einheit. Darum ist der Begriff, der nur die Form allein, ohne den Stoff (ἄνευ ὕλης) wiederzugeben vermag, etwas Unvollständiges, denn das Ding als solches, sowie es existiert, vermag er nicht auszudrücken. So wird das, was nur einzeln wirklich ist, für ihn zum Allgemeinen, weil er das Ganze als solches in seiner durchaus abgegrenzten Einheit nicht fassen kann. Aber was er erfasst, das Allgemeine im Einzelnen, ist das eigentlich „Wesentliche", das Unveränderliche, Bleibende. Nicht das Allgemeine ist Wesenheit, aber die Wesenheit ist mit Beziehung

---

[1] Maier, Syllog. I, 165 f.
[2] 1040, b, 26.
[3] 193, b, 4 ... τὸ εἶδος οὐ χωριστὸν ὂν ἀλλ' ἢ κατὰ τὸν λόγον.

auf den unter allgemeinen Begriffen denkenden Geist etwas Allgemeines.[1])

Der Umstand, dass dies εἶδος, die Wesensform der Einzeldinge unvergänglich sein soll, obgleich sie vom Individuum nicht abtrennbar, dieses aber dem Entstehen und Vergehen unterworfen ist, scheint die obige These in etwa zu stützen. Wäre unter diesen Umständen auch die Form nur ein Einzelnes, so müsste sie notwendig mit dem Einzelding untergehen (was ja in gewisser Hinsicht tatsächlich auch geschieht), ist sie aber zugleich ein Allgemeines, insofern sie mit den Wesensformen der anderen Individuen ihrer Art begrifflich identisch ist, so lässt sich verstehen, wie Aristoteles die Form an das Einzelding binden und doch für unvergänglich erklären konnte; denn in diesem Falle geht wirklich die Form nicht unter, sie hat bei Vernichtung des Einzeldings nur aufgehört, in dieser Verbindung zu existieren, während aber auch andererseits die Form als diese bestimmte dieses bestimmten Körpers in keiner Weise weiterhin dauert. Sie ist untergangen und doch nicht untergegangen, sie ist wirklich die οὐσία, welche φθαρτὴ ἄνευ τοῦ φθείρεσθαι und geworden ist ἄνευ τοῦ γίνεσθαι.[2])

Jedes Ding, das nicht reine Wirklichkeit ist, sondern auch Materie enthält, ist mit Beziehung auf den Begriff immer etwas Allgemeines, insofern die Möglichkeit vorhanden ist, dass diese Form durch irgend welche ἐνέργεια auch in einem andern Stoff, der sie δυνάμει bereits in sich trägt, verwirklicht und so numerisch vervielfältigt wird. Die Zahl kann geradezu unendlich sein, für den Begriff macht dies nichts aus. Der Begriff selbst muss aber offenbar, andern Begriffen gegenübergestellt, etwas durchaus Einzelnes und Bestimmtes sein; er ist etwas Allgemeines nur mit Beziehung auf die Einzeldinge, die sich der Unterordnung unter den einen Begriff fügen.

---

[1]) Zu diesen Ausführungen vgl. Met. VII, 13 u. 16. Strümpell 255 ff, Bullinger 45 f. Brandis II, b, 1, 492 ff. Hertling 42 f. Prantl, Logik I, 123 definiert das καθόλου als das was κατὰ παντὸς u. zugleich καθ'αὑτό gilt. Vgl. auch Zellers Lösungsversuch der Aporie (311). Maier Syllog. II, 2, 217 f. weist mit Recht darauf hin, dass auch die moderne Wissenschaft das Reale zu ergreifen glaubt, wenn sie die in den Einzelerscheinungen wirksamen Naturgesetze aufsucht u. herausstellt. Als das Reale aber gilt auch heute die konkrete Erscheinung, nicht das allgemeine Gesetz.

[2]) 1043, b, 15.

Die Materie ist das Allgemeine, Unbestimmte, die Form das Bestimmende. Je mehr sich darum ein Einzelnes der reinen Form nähert, d. h. je weniger Materie es noch enthält, desto bestimmter, desto weniger allgemein ist es. Darum kann auch ein Wesen, das reine Form ist, frei von aller Materie, nicht allgemein heissen; es fällt mit seinem Begriff zusammen;[1]) denn es findet sich nichts Unbestimmtes mehr in ihm, nichts, das der völligen Erfassung durch den erkennenden Geist widerstrebte. Eine numerische Vielheit ist in diesem Fall nicht möglich; denn die Materie, das Prinzip der Individuation, fehlt. Es ist nicht bloss eine logische, sondern auch eine reale Einheit, die, wenn sie realiter mehrfach wäre, jedenfalls von uns als Vielheit nicht erkannt werden könnte. So scheint es, dass als Gegenstand des Erkennens nicht unbedingt das Allgemeine angenommen werden müsse, sondern nur mit Rücksicht auf die uns gegebene Welt, in welcher von der nur vorausgesetzten völlig unbestimmten Materie eine Stufenfolge anhebt, welche immer mehr vom Stoff los- und zur reinen Form hinstrebt, die aber dieses ihr Ziel nur in dem absoluten Geist, in Gott erreicht.

Hier, wo der Umriss der aristotelischen Naturphilosophie plastisch hervortritt, zeigt sich auch mit besonderer Schärfe eine gewisse Disharmonie des Systems. Die Materie und der göttliche νοῦς als die reine Form stellen die beiden Endpunkte der Stufenfolge dar. Während aber der Ausgangspunkt, die Materie als völlig form- und gestaltlose Urmaterie nur ein Gedachtes, eine notwendige Voraussetzung — aber auch nicht mehr — ist, schreibt Aristoteles dem Zielpunkt, der absoluten Form, wirkliche reale Existenz zu. Der Gedanke legt sich nahe, dass auch die „Urform" nur ein Ideales, einen Urbegriff darstelle, der niemals in Wirklichkeit existiert, der aber ebenso, wie die Urmaterie, eine notwendige Voraussetzung für die Erklärung der Stufenfolge in der Weltwirklichkeit sein würde. Wie nichts wirklich existiert, das reine Materie, völlig ungeformter Stoff wäre, so würde es dann auch keine Form ohne jegliche Materie geben; die reine Form wäre nur ein idealer Zielpunkt.

Damit wäre freilich die aristotelische Urform verdächtig nahe an das Kantische Unbedingte herangerückt. Es lässt sich aber mit der realistischen Denkweise des Stagiriten wohl kaum

---

[1]) 430, a, 3; 429, b, 10.

vereinbaren, dass dasjenige, was in der Welt das wahrhaft
Wirkliche und Wirkende ist, in seiner höchsten Form nur ein
Ideales sein soll.

Indes ist gerade hier, in der Bestimmung des göttlichen
νοῦς als der Urform bei Aristoteles ein Ineinanderfliessen theologischer und philosophischer Spekulation zu beachten, und es ist
schwer zu entscheiden, was auf Rechnung der einen, und was auf
die der anderen zu setzen ist.

Während so der Materie als Urmaterie keine, der Form in
ihrer Reinheit die höchste Realität zukommt, sind die Zwischenglieder nur als Einzeldinge, bestehend aus Materie und Form,
wirklich. Was an ihnen erkennbar ist, kann und muss ein Allgemeines heissen, weil es das ist, was das Wesentliche an einer
ganzen Anzahl von solchen Individuen ausmacht, oder doch ausmachen könnte.

Das Allgemeine ist darnach nur relativ[1]) als alleiniger
Gegenstand der Erkenntnis und als das an sich Bekanntere und
Gewissere zu bezeichnen, nämlich nur insofern die Welt, die als
Objekt der Erkenntnis gegeben ist, in unzähligen sinnlichen
Einzeldingen besteht, deren eigentliches Sein die Form ist, und
insofern ein und dieselbe Form, weil in einer Mehrzahl von
Dingen verwirklicht, ein Allgemeines genannt werden kann,
trotzdem sie als Allgemeines, ausser dem Individuum, keinerlei
Existenz hat.[2])

Die Frage lautet für Aristoteles in erster Linie: Kann überhaupt und wie kann die endlose Vielheit der Einzeldinge erkannt
werden?[3]) und die Frage ist nur zu bejahen, wenn es in der

---

[1]) Vgl. hierzu Met. XIII, 10. 1087, a, wo Aristot. eine Relativität
des Allgemeinen zugibt, wenn auch in etwas anderem Sinn.

[2]) Vgl. Hertling 42 ff. Zeller (312) hat Recht, wenn er sagt, das
Wissen solle nicht deswegen auf das Allgemeine gehen, weil wir unfähig
seien, das Einzelne als solches vollständig zu erkennen, sondern weil es
an sich ursprünglicher u. erkennbarer sei, weil ihm allein die Unwandelbarkeit zukomme, die der Gegenstand des Wissens haben muss. Aber
alle diese Eigenschaften kommen eben dem Allgemeinen nicht als Allgemeinem zu — dies bestreitet Aristoteles direkt — sondern nur weil das
Unwandelbare, Ursprünglichere und an sich Erkennbarere nicht das aus
Form und Stoff zusammengesetzte Einzelding ist, sondern nur dessen
Wesensform, die weil sie in mehreren Individuen verwirklicht ist, allgemein heissen kann.

[3]) τὰ δὲ καθ' ἕκαστα ἄπειρα, τῶν δ' ἀπείρων πῶς ἐνδέχεται λαβεῖν
ἐπιστήμην; 999, a, 26.

Vielheit etwas Einheitliches und Identisches (ἕν τι καὶ ταὐτὸν) und etwas Allgemeines (καθόλου τι) giebt. Dieses Einheitliche und Identische scheint nur die Form sein zu können, während die Vielheit auf die Materie als ihre Ursache zurückzuführen wäre.

Es ist nicht zu leugnen, dass dieser Auffassung der Aristotelischen Lehre vom Allgemeinen als Gegenstand der Erkenntnis, die doch zugleich nur auf das Seiende im eminenten Sinne gehen soll, während gerade dem Allgemeinen das Sein abgesprochen wird, manche Stellen der Metaphysik zu widersprechen scheinen und einzelne vielleicht auch widersprechen. Eine grosse Schuld daran trägt die Verschiedenheit der Bedeutungen von εἶδος, aber noch mehr vielleicht die Vieldeutigkeit von οὐσία. Dazu kommt, dass Aristoteles selbst hierin die schwierigste aller Aporien erblickte.[1]

2. Kapitel.
Das Subjekt der Erkenntnis bei Aristoteles.

Aus der scharfen Trennung zwischen Allgemeinem und Einzelnem, Möglichkeit und Wirklichkeit, Materie und Form musste für Aristoteles notwendig auch eine Scheidung der Vermögen folgen, durch die Allgemeines und Einzelnes uns zugänglich sind: Die Einheit in der Vielheit erfasst der Verstand (νοῦς), von der Vielheit selbst giebt uns die Wahrnehmung (αἴσθησις, αἰσθητικὸν) Kunde, denn sie geht auf das Einzelding.[2] Wie die Objekte, so unterscheiden sich auch die Vermögen: So wenig das vergängliche Einzelding mit der unvergänglichen, ewigen Wesensform identisch ist, ebenso wenig der νοῦς mit dem Wahrnehmungsvermögen. Wie aber andererseits die Wesensform nicht von dem Einzelding getrennt werden kann, wie sie nur in diesem existiert, so kann auch der Verstand gewissermassen nur in der Wahrnehmung existieren, sofern sie ihm das Objekt geben muss, dessen Wesen er denkend begreift.

Aristoteles unterscheidet drei Stufen des Lebens: die erste ist die des vegetativen Lebens, die zweite die der Wahrnehmung, die dritte die der intelligiblen Erkenntnis. Dabei kann die nied-

---

[1] 999, a, 24. 1087, a, 13.
[2] 81, b, 6: τῶν γὰρ καθ' ἕκαστον ἡ αἴσθησις. οὐ γὰρ ἐνδέχεται λαβεῖν αὐτῶν τὴν ἐπιστήμην. Vgl. 417, b, 22.

rigere wohl ohne die höhere vorhanden sein, nicht aber umgekehrt die höhere ohne die niedrigere.¹) Auch hier zeigt sich wieder die Stufenfolge von der Materie aufwärts zur Form; auf der ersten ist die Form noch ganz von der Materie „überschüttet",²) in der zweiten tritt schon die Form schärfer hervor und auf der dritten erreicht sie im menschlichen Geiste die Höhe der irdischen Entwickelung.

Schon diese Stellung des menschlichen Geistes, des νοῦς, einerseits innerhalb der Erkenntnisreihe als letztes Glied derselben, andererseits ausserhalb derselben, sofern der Übergang vom letzten noch mit Stoff behafteten Glied zum völlig stofflosen kein kontinuierlicher sein kann, zeigt zum voraus die Schwierigkeiten, die mit diesem Begriff verbunden sein müssen. „Vielleicht ist im Aristoteles keine Lehre wichtiger, als seine Lehre vom νοῦς, denn die letzten Prinzipien seiner Philosophie gehen in den νοῦς zurück ... Aber vielleicht ist auch im Aristoteles keine Lehre schwieriger und dunkler, als seine Lehre vom νοῦς", also Trendelenburg.³) Und wirklich scheint sich in der aristotelischen Lehre vom νοῦς alles, was die Unterscheidung von Form und Stoff an Schwierigkeiten bietet, zu konzentrieren. Durch die Scheidung des νοῦς in einen νοῦς ποιητικός und παθητικός (der Terminus ποιητικός ist zwar bei Aristoteles nirgends zu belegen, sachlich aber entspricht er ganz seinem Sinn) ist in der leidenden Vernunft, die nicht abtrennbar und infolgedessen vergänglich ist, d. h. in irgend welcher Weise das stoffliche Moment repräsentiert,⁴) die Verbindung mit den Naturdingen gewahrt, während sich im νοῦς ποιητικός die reine Form darstellt; er ist leidenslos, ewig, unsterblich, vollendete Wirklichkeit.⁵)

Wie dieser doppelte νοῦς näherhin zu fassen, und vor allem, wie das Verhältnis des einen zum andern zu denken sei, darüber herrschte von Anfang an Uneinigkeit unter den Aristoteleserklärern.

Alexander von Aphrodisias schied den νοῦς in einen δυνάμει νοῦς, wie er bei Kindern sich findet, einen καθ' ἕξιν νοῦς und einen

---

¹) 413, a, 31.
²) Prantl I, 112.
³) Hist. Beitr. II, 373.
⁴) 430, a, 18.
⁵) 430, a, 17: καὶ οὗτος ὁ νοῦς χωριστὸς καὶ ἀπαθὴς καὶ ἀμιγὴς τῇ οὐσίᾳ ὢν ἐνεργείᾳ. vgl. Zeller 571.

ἐνεργείᾳ νοῦς; den letzteren setzte er der Gottheit, der göttlichen Intelligenz selber gleich;[1] ähnlich Plutarch. Der νοῦς παθητικός wird der φαντασία gleichgesetzt.[2] — Philoponos fasst den νοῦς als seinem Substrat nach identisch, seinem Begriff nach verschieden.[3] Derselbe ist entweder nur in Bezug auf sich selbst tätig und erkennt dann nur das Allgemeine, oder aber er ist in der Wahrnehmung wirksam, benutzt diese als Werkzeug und erkennt die Einzeldinge.[4] Er zieht dann den Vergleich mit der geraden und gebogenen Linie bei: wie sie Linie bleibe, ob sie gerade oder krumm sei, so bleibe auch der νοῦς νοῦς, ob er auf sich selbst oder auf das Allgemeine oder auf das Einzelne und Wahrnehmbare gehe.[5] Im ersteren Falle ist der νοῦς als νοῦς ποιητικός, im zweiten als νοῦς παθητικός wirksam.

Themistius[6] fasst das Verhältnis des νοῦς ποιητικός zum παθητικός ähnlich wie Philoponos. Der ἐνεργείᾳ νοῦς bringt den δυνάμει νοῦς zur Aktualität, verwandelt aber zugleich die δυνάμει νοητά in ἐνεργείᾳ νοητά.

Die Neueren haben die Schwierigkeiten in der verschiedensten Weise zu umgehen gesucht. Trendelenburg glaubt, Aristoteles habe unter dem νοῦς παθητικός nur eine Zusammenfassung sämtlicher sinnlicher Tätigkeiten, die „niederen Kräfte gleichsam in einen Knoten verschlungen", verstanden.[7] Zeller[8] fasst ihn als „das Ganze der Vorstellungskräfte, welche über die sinnliche Wahrnehmung und die Einbildung hinausgehen, ohne doch schon die höchste Stufe des vollendeten, in seinem Gegenstand schlechthin zur Ruhe gekommenen Denkens zu erreichen . . .".[9] Nach Brentano[10] bedeutet er die Phantasie, obwohl dann nicht recht

---

[1] Philoponi In de an. III, 4. Akad. Ausgabe XV, 518. Vgl. Brentano, Psychol. 7.

[2] Philoponi De an. 523, 29.

[3] . . . ὁ νοῦς τῷ μὲν ὑποκειμένῳ εἷς ἐστιν, τῷ δὲ λόγῳ διάφορος. Philoponi De an. III, 4. Akad. Ausgabe XV, 526, 2 ff.

[4] μετ' αἰσθήσεως ἐνεργεῖ ὀργάνῳ αὐτῇ κεχρημένος, καὶ τότε τὰ ἔνυλα καὶ μερικὰ οἶδεν. Ebd.

[5] Vgl. 429, b, 18.

[6] Comm. De an. Akad. Ausgabe V, 3, 99.

[7] Brentano, Psychol. 29. Vgl. Zeller 576.

[8] S. 575.

[9] Dag. Kampe 283.

[10] Psycholog. 208.

einzusehen ist, weshalb Aristoteles dieser einen doppelten Namen beilegt. —

So sehr Aristoteles die Verschiedenheit des νοῦς ποιητικός und παθητικός betont — dass sie ὑποκειμένῳ τις sind, wird wohl festgehalten werden müssen; denn auch der leidende νοῦς wird zum Immateriellen, zum eigentlichen νοῦς gerechnet. Philoponos scheint darin Recht zu haben, dass er den Unterschied in die verschiedenartige Tätigkeit des einen νοῦς setzt. Es ist dies aber auch schon aus dem ganzen aristotelischen System heraus wahrscheinlich; denn Wert oder Unwert der erkennenden Faktoren richtet sich bei ihm nach dem Wert des erkannten Objekts und beruht nicht etwa auf einer Analyse des Erkenntnisvermögens.

Der νοῦς als παθητικός scheint nun die Vernunft, das Denken zu sein, sofern es die νοητά aus dem Sinnlich-gegebenen aufnimmt, während der νοῦς ποιητικός sie zum Bewusstsein bringt, oder vielmehr der νοῦς als ποιητικός ist das aktuelle Bewusstsein der vorher nur der Möglichkeit nach in ihm, als νοῦς παθητικός, vorhandenen intelligiblen Formen, er ist mit diesen Formen identisch und denkt sich selbst, indem er die Formen denkt.[1])

Vielleicht liesse sich der Unterschied auch durch denjenigen des Selbstbewusstseins bezw. Bewusstseins charakterisieren; das letztere ist etwas Leidendes, sofern es nur in Beziehung auf ein Objekt existieren kann, das erstere dagegen ist unabhängig vom Objekt und dennoch ohne Objekt nicht vorhanden; denn ohne Bewusstsein kein Selbstbewusstsein (wenigstens für den Menschen). Das individuelle Selbstbewusstsein muss vielmehr in dem einzelnen erst durch das Objekt gewissermassen zur Aktualität geführt werden, während das absolute Selbstbewusstsein immer tätig, immer denkend ist.[2]) — Dies scheint jener Satz[3]) zu besagen, wo es heisst, das aktuelle Wissen sei mit dem Gegenstand identisch; das Wissen in Möglichkeit, das potentielle Wissen gehe diesem aber im einzelnen (Menschen) der Zeit nach voran, aber auch der Zeit nach nicht überhaupt (ὅλως δὲ οὐδὲ χρόνῳ), ἀλλ' οὐχ ὁτὲ μὲν νοεῖ ὁτὲ δ' οὐ νοεῖ, d. h. jenes (aktuelle) Wissen, das dem potentiellen Wissen vorhergeht, ist nicht ein solches, das bald denkt, bald nicht denkt.[4]) Dass hier ἐπιστήμη = νοῦς gebraucht ist, ergiebt sich ohne weiteres

---

[1]) 1072, b, 20.
[2]) Vgl. Windelband, Lehrb. 122.
[3]) III, 5 περὶ ψυχῆς 430, a, 19 ff.
[4]) Vgl. Brentano, Psychol. 182.

aus dem Zusammenhang. Und unter dem νοῦς, der nicht bald denkt, bald nicht denkt, kann wohl nur der göttliche νοῦς, das absolute Denken, das absolute Selbstbewusstsein verstanden werden.

Diese enge Zusammenstellung des göttlichen νοῦς mit dem menschlichen, der zuerst nur δυνάμει im Menschen vorhanden ist, lässt es zum mindesten erklärlich erscheinen, wie von Aristoteles-Kommentatoren der menschliche νοῦς mit dem göttlichen identifiziert werden konnte. Wie das Individuum, in dem die eigentümliche Form voll zur Entfaltung gebracht ist, das gleiche Wesen nur der Möglichkeit nach (δυνάμει) erzeugen kann, insofern der Samen das betreffende Formprinzip der Möglichkeit nach, nicht aber der Wirklichkeit nach in sich schliesst, so scheint auch der göttliche νοῦς — dieses εἶδος εἰδῶν, die absolute Form — den menschlichen νοῦς in der menschlichen Seele, jedoch nur der Anlage nach, zu erzeugen. Während bei allen andern Dingen die Form nur in und mit dem Einzelding existiert, würde hier die Form sowohl für sich (χωριστός) als auch in einer Reihe von Individuen Realität haben, und es wäre damit der Höhepunkt in der stufenweisen Entwicklung vom Materiellen zum Geistigen erreicht.

Der menschliche νοῦς stammt von aussen (θύραθεν) und ist abtrennbar, weil er identisch ist mit dem göttlichen νοῦς; er ist aber zugleich ein Teil der menschlichen Seele. In seiner Beziehung auf das individuelle Seelenleben, auf das Wahrnehmen u. s. w., heisst er νοῦς παθητικός und ist als solcher vergänglich; denn wenn die individuelle Seele, deren Teil bezw. Prinzip er war, untergeht, hört diese ganze Beziehung auf. Er ist dann „nur noch das, was er ist",[1] reine Tätigkeit, göttlicher νοῦς. Er hat keine Sonderexistenz, keine individuelle Fortdauer. Er lebt fort, weil der göttliche νοῦς ewig ist.

Eine befriedigende Lösung dieser schwierigen Frage hat, wie es scheint, noch niemand gegeben. Für die Unterscheidung von Form und Stoff scheint wenigstens das sicher zu sein, dass der menschliche νοῦς das Mittelglied bildet zwischen der noch mit Materie behafteten und der völlig stofflosen absoluten Form. Wie diese Mittelstellung möglich, wie das Verhältnis des νοῦς ποιητικός zum νοῦς παθητικός näherhin im Sinne des Aristoteles zu denken ist, das ist eine andere Frage.

---

[1] τοῦθ' ὅπερ ἐστί. 430, a, 22.

Die Form ist nach Aristoteles das Prinzip des Seins und zugleich des Erkennens.[1]) Aber als Prinzip des Seins hat sie neben sich ein zweites Prinzip: die Materie. In der Erkenntnis dagegen hat nur die Form wirkliche Bedeutung; sie ist im Wechsel der Erscheinungen das Bleibende, Dauernde und darum der alleinige Gegenstand des Wissens — aber noch mehr: die höchste Seinsform besteht in absoluter Denktätigkeit, Gott ist stofflose Form und diese ist Denken: Gott ist absolute Vernunft (νοῦς).

Die Unterscheidung von Form und Stoff durchdringt somit das ganze aristotelische System: auf der einen Seite erklärt sie das Werden in der Natur, auf der andern Seite das Erkennen durch alle seine Stufen von der Wahrnehmung angefangen bis zur intuitiven Ergreifung des Wirklichen durch den νοῦς. Das Erkennen ist ja auch ein Werden, eine Entwicklung von der Möglichkeit zu wissen zum aktuellen Wissen.

War es auch in erster Linie das Problem des Werdens, das den Stagiriten zu der eigenartigen Bestimmung des Verhältnisses zwischen Form und Stoff führte, und ist die Unterscheidung wohl erst von hier aus infolge der engen Verbindung von Sein und Erkennen das Mittel zur Lösung des Erkenntnisproblems geworden, so hat auch, wie schon bei Plato, ein logisches Moment mitgewirkt — die Einsicht, dass im Erkenntnisakt die Wirklichkeit nicht restlos aufgeht, dass vielmehr stets ein unauflösliches Etwas bleibt, ein Irrationales, welches dann auf die Materie als das widerstrebende Prinzip in der Natur zurückgeführt wird.

Doch tritt dieses zweite Moment bei Aristoteles mehr oder weniger in den Hintergrund, während die Erkenntnisfaktoren: auf der einen Seite die Form der Naturdinge als Objekt der Erkenntnis, auf der andern Seite der νοῦς als das wahrhaft Denkende und Erkennende im Menschen ganz das Gepräge der naturphilosophischen Unterscheidung zwischen Wirklichkeit und Möglichkeit tragen. Die Formen, die νοητά in den Dingen, wirken durch Vermittlung der Sinne auf den νοῦς, welcher der Möglichkeit nach ist, was diese in Wirklichkeit sind. Als νοῦς παθητικός ist er also ein Potentielles den Formen gegenüber, aber im Akte, da νοῦς und νοητά sich berühren, wird er identisch mit seinem Objekt, ist dann reine Form und erreicht als νοῦς ποιητικός eine Stufe, die ihn der absoluten Form, dem göttlichen νοῦς, sehr nahe bringt.

---

[1]) Vgl. Willmann I, 541.

3. Kapitel.
Die Materie der Erkenntnis bei Kant.

Eine neue Bedeutung erlangt die Unterscheidung von Form und Stoff, Form und Inhalt im kantischen System. Das Begriffspaar deckt sich nicht mehr mit dem der Wirklichkeit und Möglichkeit im aristotelischen Sinn. Seine Unterscheidung trifft nicht die Erkenntnisfaktoren im Sinne des Erkennenden (des Subjekts) auf der einen und des Erkannten (des Objekts) auf der andern Seite, sie geht auf die Erkenntnis selbst und scheidet das Produkt des Erkenntnisprozesses in die dasselbe konstituierenden Faktoren bezw. Elemente. Er fragt nicht nach dem Werden der Natur und dessen Prinzipien, nicht nach dem Wesen und der Bedeutung des Seienden — er fragt nach dem Wesen und der Bedeutung der Erkenntnis als solcher.

Im Grunde genommen stehen sich indes in diesem Punkte die beiden Systeme nicht allzufern: die aristotelische Unterscheidung richtet sich auf den denkenden Geist und das erkannte Objekt, die kantische auf das Produkt dieser beiden: die Erkenntnis, um von da aus zurück zum Geiste bezw. zum Objekt zu gelangen.

Schon J. H. Lambert spricht in zwei Briefen an Kant aus den sechziger Jahren von Form und Materie unseres Wissens.[1] Ähnlich Tetens, wenn er schreibt: „Empfindungsvorstellungen sind ... der letzte Stoff aller Gedanken" und „die Form der Gedanken und der Kenntnisse ist ein Werk der denkenden Kraft".[2] Völlig durchgeführt hat diese Unterscheidung jedoch erst Kant, und er hat derselben eine Bedeutung gegeben, die hinter derjenigen, welche ihr Aristoteles gab, nur wenig oder nicht zurücksteht.

Bereits in Kants vorkritischer Periode löste sich in seinem Denken mehr und mehr das Formale vom Materialen. Die ganze Entwicklung seines Denkens in den 60er Jahren dreht sich um diese Unterscheidung und sie endet mit der Erkenntnis, dass der Satz des Widerspruchs nur ein formales, aber kein materiales Prinzip sei, dass das Dasein sich nicht aus dem Begriff herausklauben lasse und dass über Kausalverhältnisse aus reiner Vernunft nicht geurteilt werden könne, da logischer Widerspruch und Realrepugnanz, Erkenntnisgrund und Realgrund nicht identisch seien.

---

[1] Lambert an Kant 13. Nov. 1765 u. 3. Febr. 1766. Akad. Ausgabe X, 49 bezw. 61.
[2] Eisler, Philosophische Begriffe. A. „Form".

Was für den ganzen Aufbau seines späteren Systems von grösster Wichtigkeit werden sollte, ist die Unterscheidung von formalen und materialen Grundsätzen. Schon in der Schrift über „Die falsche Spitzfindigkeit der vier syllogistischen Figuren" vom Anfang des Jahres 1762 spricht er von „unerweislichen Urteilen" und erklärt: „Die menschliche Erkenntnis ist voll solcher unerweislicher Urteile".[1]) Es sind Urteile bezw. Begriffe, die zwar unter den obersten Grundsätzen der Identität und des Widerspruches stehen, die aber nicht auf diese zurückgeführt werden können, also gewissermassen Prinzipien zweiten Ranges.

In der Preisschrift „Untersuchungen über die Deutlichkeit der Grundsätze der natürlichen Theologie und Moral . . ."[2]) kommt Kant auf jene „unerweislichen Urteile" zurück, nennt sie aber jetzt „unerweisliche Sätze". „Diese (unerweislichen Sätze) stehen zwar alle unter den formalen ersten Grundsätzen, aber unmittelbar; insofern sie indessen zugleich Gründe von anderen Erkenntnissen enthalten, so sind sie die ersten materialen Grundsätze der menschlichen Vernunft."[3])

Unter den „formalen ersten Grundsätzen" versteht Kant die Prinzipien der Identität und des Widerspruches und er scheint hier zwischen den obersten formalen Sätzen einerseits und der Erfahrung andererseits noch ein Drittes anzunehmen: die obersten materialen Sätze, die Vorläufer der späteren synthetischen Urteile a priori.

Diese Unterscheidung von formalen und materialen Grundsätzen der Vernunft ist der Ausdruck dafür, wie sich das Kantische Denken immer mehr zu der Erkenntnis durchringt, dass die logischen Denkgesetze nicht genügen, die ganze Wirklichkeit zu bestimmen, dass ein Rest übrig bleibt, der sich als durchaus selbständig erweist, der jeder begrifflichen Analyse widerstrebt. Dies ist die Materie in der Erkenntnis, der Stoff, der durch das verknüpfende, trennende und vergleichende Denken erst seine endgiltige Form erhält. Es ist das, was sich uns einfach als gegeben aufdrängt und sich damit als etwas Fremdes kund giebt, unmittelbare Vorstellungen, deren psychologische Entstehung zwar untersucht werden kann, die aber selbst nicht mehr weiter redu-

---

[1]) Schluss der Abhandl. Akad. Ausgabe II, 60 f.
[2]) Nach der Datierung der neuen Kant-Ausgabe d. Berl. Akad. 1764 erschienen, verfasst im Laufe d. Jahres 1762. Vgl. Akad. Ausg. II, 492 ff.
[3]) Akad. Ausgabe II, 295.

zierbar sind und die das unmittelbar gegebene Substrat im Erkenntnisprozess darstellen.

Diese unmittelbaren Vorstellungen nennt Kant Anschauungen und deutet dadurch ihren sinnlichen Charakter an. Jedoch bedeutet ihm Anschauung nicht etwa bloss Gesichtsvorstellung, sondern jede sinnliche Vorstellung überhaupt,[1]) während die Ver-Verknüpfung dieser sinnlichen Vorstellungen Sache des Verstandes ist und sich in Begriffen vollzieht. Anschauungen und Begriffe bilden also die Bestandstücke einer jeden Erkenntnis. „Anschauung und Begriffe machen die Elemente aller unserer Erkenntnis aus, so dass weder Begriffe ohne ihnen auf einige Art korrespondierende Anschauung, noch Anschauung ohne Begriffe eine Erkenntnis abgeben können".[2])

Die Sinnesvorstellungen, die Anschauungen, unterscheiden sich aber nicht etwa bloss graduell von den Verstandesvorstellungen, den Begriffen: der Unterschied ist ein spezifischer: das eine ist die Materie, das Bestimmbare, das andere die Form, die Bestimmung.[3]) „Ohne Sinnlichkeit würde uns kein Gegenstand gegeben und ohne Verstand keiner gedacht werden"; aber „beide Vermögen oder Fähigkeiten können auch ihre Funktionen nicht vertauschen. Der Verstand vermag nichts anzuschauen und die Sinne vermögen nichts zu denken. Nur daraus, dass sie sich vereinigen, kann Erkenntnis entspringen".[4])

Die Anschauung fällt also ganz in das Gebiet der Sinnlichkeit, d. h. sie enthält nur „die Art, wie wir von Gegenständen affiziert werden".[5]) Sie ist nach Kant völlig passiv bezw. rezeptiv — wenigstens der Definition nach — denn in ihr werden uns Gegenstände gegeben.[6])

Wie wir aber bei Aristoteles in der Natur niemals auf die Urmaterie in ihrer ursprünglichen Formlosigkeit treffen, so finden wir nach Kant auch in unserem Bewusstsein niemals das materiale Element ganz ohne Formbestimmtheit vor. Abgesehen davon, dass unsere Reflexion immer schon auf Anschauungskomplexe im

---

[1]) Vgl. Vaihinger, Komm. II, 5. Vaihinger erinnert hier daran, dass auch Plato bereits ὄψις an Stelle von αἴσθησις für alle Wahrnehmungen gebraucht.

[2]) Kr. d. r. V. 76.

[3]) Vgl. Kr. 243.

[4]) Kr. 77.

[5]) Kr. 76/77.

[6]) Kr. 48.

Bewusstsein trifft, sind auch die einzelnen Anschauungen, die sich durch Analyse jener Komplexe ergeben, bereits geformt; die Anschauung setzt sich zusammen aus Empfindung und Anschauungsform.

„Empfindung" nennt Kant „die Wirkung eines Gegenstandes auf die Vorstellungsfähigkeit, sofern wir von demselben affiziert werden".[1]) Am häufigsten charakterisiert er sie als „gegeben", und damit ist auch ihre erkenntnistheoretische Bedeutung gekennzeichnet: sie ist der letzte Bestandteil der Vorstellungen, das unauflösliche Etwas, das übrig bleibt, wenn von aller Bestimmtheit und Gesetzmässigkeit, von jeglicher Ordnung in der sinnlichen Vorstellung abstrahiert wird.

In Wirklichkeit ist uns indes immer eine bereits geformte Empfindung, d. h. eine Anschauung gegeben: sie ist eingeordnet in die Formen der Sinnlichkeit, in Raum und Zeit. Es giebt keine Vorstellung eines einzelnen Gegenstandes, die nicht entweder räumlich oder zeitlich bestimmt wäre. Diese Bestimmtheit in Raum und Zeit bildet das formale Element in der Anschauung.

Raum und Zeit bildeten schon seit den ältesten Zeiten eines der bedeutendsten Probleme der Philosophie. Treffend hat später Augustin die eigentümliche Schwierigkeit der Frage charakterisiert, wenn er sagt,[2]) er wisse wohl, was die Zeit sei, wenn ihn niemand frage, solle er aber Auskunft darüber geben, so wisse er es nicht.

Parmenides nannte den Raum ein μὴ ὄν; ähnlich Plato, der den Raum mit der Materie, oder vielleicht besser ausgedrückt, die Materie mit dem Raum identifizierte. Er ist nach ihm das ἄπειρον, das Unbegrenzte.

Bei Aristoteles ist der Raum die Grenze des umschliessenden Körpers gegen den umschlossenen.[3]) Er ist also gewissermassen „die Hülle als Hülle",[4]) aber nicht so, dass etwa der Raum an den Körper gebunden wäre und sich mit diesem bewegte und veränderte, sondern der Körper ist und bewegt sich im Raum; er ist die unbewegte Grenze des Umschliessenden;[5]) aber eben deshalb

---

[1]) Kr. 48.

[2]) Quid est ergo tempus? Si nemo ex me quaerat, scio, si quaerenti explicare velim, nescio. Confess. XI, 14.

[3]) 212, a, 5: τὸ πέρας τοῦ περιέχοντος σώματος.

[4]) Strümpell 305.

[5]) 212, a, 20: ὥστε τὸ τοῦ περιέχοντος πέρας ἀκίνητον πρῶτον, τοῦτ᾽ ἔστιν ὁ τόπος.

kann es auch ohne Körper keinen Raum geben; denn ohne Umschlossenes giebt es keine Grenze eines Umschliessenden. Ein leerer Raum ist also nach Aristoteles etwas Unmögliches.[1]) Die Grenze der Welt ist zugleich die Grenze des Raumes, oder vielmehr, der Raum im ganzen ist gebildet von der Grenze der Welt.[2])

Die Zeit definiert Aristoteles als die Zahl der Bewegung mit Rücksicht auf das Früher und Später.[3]) Die Einheit, von der aus gezählt wird, ist das Jetzt (τὸ νῦν) und dieses ist zugleich das verbindende und trennende Moment in der Zeit.[4]) Wie die Bewegung und überhaupt die Veränderung für Aristoteles etwas durchaus Wirkliches ist, so auch die Zahl (das Mass) der Bewegung, d. h. die Zeit. Immerhin rückt Aristoteles beim Zeitbegriff das Psychologische in einer Weise in den Vordergrund, dass die Vermutung nahe liegt, in dem einen oder andern Punkte habe er bereits die Kantische Lösung zwar nicht vorausgesehen, aber geahnt. Er wirft nämlich die Frage auf, ob es eine Zeit geben könne ohne eine Seele [5]) und er antwortet darauf, dass das, was die Zeit als Seiendes ist, d. h. das Verhältnis der Bewegungen, also gewissermassen die objektive Zahl, auch ohne Seele vorhanden sei, ebensogut wie die Bewegung, aber zur Zeit, zur subjektiven Zahl, ist die zählende Seele notwendig.

Noch merkwürdiger scheint aber — mit Rücksicht auf die Kantische Lösung — eine andere Frage, die Aristoteles bezüglich der Zeit aufwirft: weshalb wir das, was ohne Zeit sei, nicht ohne Zeit zu erkennen vermögen?[6]) Die Frage mutet uns an wie ein Ausblick auf die Kantische Problemstellung, aber freilich von der Auffassung des Raumes und der Zeit als blosser Formen der Sinnlichkeit ist Aristoteles noch weit entfernt. Im Grunde genommen sind ihm beide etwas Reales, wenn er auch, besonders bei der Frage nach dem Wesen der Zeit, das psychologische

---

[1]) Phys. III, 6 ff.

[2]) 212, b, 18. Vgl. Zeller 398.

[3]) 220, a, 24: ὁ χρόνος ἀριθμός ἐστι κινήσεως κατὰ τὸ πρότερον καὶ ὕστερον.

[4]) 220, a, 5.

[5]) 223, a, 25: εἰ δὲ μηδὲν ἄλλο πέφυκεν ἀριθμεῖν ἢ ψυχὴ καὶ ψυχῆς νοῦς, ἀδύνατον εἶναι χρόνον ψυχῆς μὴ οὔσης, ἀλλ' ἢ τοῦτο ὅ ποτε ὄν ἐστιν ὁ χρόνος, οἷον εἰ ἐνδέχεται κίνησιν εἶναι ἄνευ ψυχῆς u. 223, a, 21: πότερον δὲ μὴ οὔσης ψυχῆς εἴη ἂν ὁ χρόνος ἢ οὔ, ἀπορήσειεν ἄν τις.

[6]) 450, a, 7: διὰ τίνα μὲν οὖν αἰτίαν οὐκ ἐνδέχεται νοεῖν ... οὐδ' ἄνευ χρόνου τὰ μὴ ἐν χρόνῳ ὄντα.

Element auffallend hervorkehrt; ohne Bewegung ist nach Aristoteles weder Raum noch Zeit denkbar, Bewegung aber ist wirklich.

Kant selbst steht anfangs noch wie in seiner ganzen Denkrichtung, so auch in der Bestimmung des Raumes, unter dem Einfluss der Leibniz-Wolff'schen Schule. Nach der Nova Dilucidatio (1755) besteht der Raum in Relationen der Substanzen;[1]) Raum und Zeit sind also abstrakte Begriffe, wie alle anderen Begriffe Abbilder eines Realen. Der absolute Raum und die absolute Zeit fallen für Kant lange Jahre mit der göttlichen Allgegenwart bezw. der göttlichen Ewigkeit zusammen. „Der Raum ist das Phänomenon der göttlichen Gegenwart".[2]) Zu Anfang der 60er Jahre dagegen rechnet er Raum und Zeit zu den unauflöslichen Begriffen und verzichtet damit auf eine eigentliche Erklärung.[3]) Indes musste Kant, der auf der einen Seite ein Vertreter der Leibniz-Wolff'schen Philosophie war, auf der anderen Seite Newton sehr hoch schätzte, durch die Verschiedenartigkeit der Raumtheorie in diesen beiden Richtungen zu einem vermittelnden Lösungsversuch getrieben werden. Einen solchen Versuch stellt die Schrift „Von dem ersten Grunde des Unterschieds der Gegenden im Raume" vom Jahre 1768 dar. In ihr bekennt sich unser Philosoph zu der Newton'schen Theorie des absoluten Raumes. Er selbst bezeichnet als Zweck der Abhandlung „zu versuchen, ob nicht . . . ein evidenter Beweis zu finden sei, dass der absolute Raum unabhängig von dem Dasein aller Materie und selbst als der erste Grund der Möglichkeit ihrer Zusammensetzung eine eigene Realität habe".[4]) Aber der absolute Raum ist „kein Gegenstand der äusseren Empfindung, sondern ein Grundbegriff, der alle dieselben erst möglich macht".[5]) Er hat selbständige Realität und ist als solcher vor den Dingen, während er nach Leibniz erst ein Produkt des Zusammenseins der Monaden ist. Durch die Annahme des absoluten Raumes glaubt Kant das Problem lösen zu können, wie begrifflich nicht unterscheidbare Dinge (z. B. rechte und linke Hand) doch räumlich nicht zusammenfallen.

---

[1]) Akad. Ausgabe I, 414 . . . locus, situs, spatium sunt relationes substantiarum.

[2]) Kants Vorles. über Metaphysik von Pölitz 113; vgl. Refl. Kants zur Kr. d. r. V. 341.

[3]) Untersuch. über die Deutlichkeit . . . (1764) 1. Betr.

[4]) Akad. Ausgabe II, 378.

[5]) Ebd. II, 383.

Dieser Standpunkt dem Raumproblem gegenüber war jedoch auf die Dauer unhaltbar: auf der einen Seite ist der Raum ein Reales, auf der anderen „kein Gegenstand der äusseren Empfindung", ein Grundbegriff.

Bereits 1770 — in der Dissertation: De mundi sensibilis atque intelligibilis forma et principiis — ist denn auch die kritische Ansicht vom Raume vollendet, die Ausführungen der transscendentalen Ästhetik sind hier bereits vorweggenommen: Raum und Zeit sind reine Anschauungen, nicht von sinnlichen Vorstellungen abstrahierte Begriffe. Sie sind Einzelvorstellungen; die verschiedenen Räume, von denen wir sprechen, sind nur Teile des ganzen Raumes. Der Raum enthält also die Teilvorstellungen in sich, nicht unter sich: er ist Anschauung. Und da Raum und Zeit vor jeder Empfindung vorausgehen und diese erst möglich machen, so sind sie reine Anschauungen,[1]) eben darum aber auch nichts Objektives, nichts Reales.

Doch spricht Kant in der Dissertation immer noch von Begriffen des Raumes und der Zeit, obwohl der Gegensatz zwischen Sinnlichkeit und Verstand scharf ausgesprochen ist. Die frühere Bezeichnung wirkt noch nach, selbst bis in die Kritik der reinen Vernunft.[2]) In der Zeit, da sich die Wandlung von Verstandesbegriffen zu Anschauungen der Sinnlichkeit vollzog — wahrscheinlich infolge der Beschäftigung mit dem Antinomienproblem,[3]) — d. h. um das Jahr 1769, heissen Raum und Zeit „reine Begriffe der Anschauungen" oder „anschauende Begriffe".[4])

Hatte der Raum nach Kants Auffassung vom Jahre 1768 eine eigene Realität, war er aber trotzdem kein Gegenstand der Empfindung, so ist er nunmehr jeder äusseren Realität entkleidet. Raum und Zeit sind rein subjektive Zutaten unserer Sinnlich-

---

[1]) Sect. III, § 14, 3. Idea itaque temporis est intuitus et quoniam ante omnem sensationem concipitur, tamquam condicio respectuum in sensibilibus obviorum, est intuitus non sensualis, sed purus u. § 15 C: Conceptus spatii itaque est intuitus purus, cum sit conceptus singularis, sensationibus non conflatus, sed omnis sensationis externae forma fundamentalis. Akad. Ausgabe II, 399 bezw. 402.

[2]) So vor allem in den Überschriften der einzelnen Abschnitte in der transscendentalen Ästhetik, die dazu noch meist der zweiten Auflage angehören.

[3]) Vgl. Adickes, Kantstudien 113, 122.

[4]) Refl. 278, vgl. Adickes, Kantst. 110.

keit zu den Vorstellungen. Es entspricht ihnen nichts Reales ausser uns.

Doch sind Raum und Zeit zunächst nicht Anschauungen, sondern Anschauungsformen, d. h. sie stellen nur die Art dar, „wie das Subjekt affiziert wird".[1]) Diese Anschauungsformen bleiben übrig, wenn wir von unsern Anschauungen, d. h. den unmittelbaren sinnlichen Vorstellungen von Gegenständen das absondern, „was zur Empfindung gehört",[2]) d. h. alles, was sich uns als aus der Affektion der Sinne stammend kund giebt. Wir empfinden Härte, Wärme, Helligkeit, Bitterkeit u. s. w., aber wir empfinden niemals den Raum oder die Zeit, und doch sind sie bezw. eines von beiden in jeder vorgestellten Empfindung (Wahrnehmung) enthalten als deren Voraussetzung. Die Vorstellung eines Gegenstandes ohne das Moment der Räumlichkeit oder Zeitlichkeit ist für uns etwas Unvollziehbares.

Der Raum (und ihm parallel auch die Zeit) ist, um dem Kantischen Beweisgang zu folgen, „kein empirischer Begriff, der von äusseren Erfahrungen abgezogen worden", denn damit ich die Empfindung „als in verschiedenen Orten vorstellen könne, dazu muss die Vorstellung des Raumes schon zu Grunde liegen".[3])

Der Raum ist ferner „eine notwendige Vorstellung a priori, die allen äusseren Anschauungen zu Grunde liegt".[4]) Wie Kant glaubt, können wir die Raumvorstellung nicht los werden, während wir wohl die Gegenstände aus dem Raume wegdenken können. — Sodann ist der Raum „kein diskursiver, oder, wie man sagt, allgemeiner Begriff von Verhältnissen der Dinge überhaupt, sondern eine reine Anschauung".[5]) Denn während der Begriff das Einzelne unter sich fasst, enthält es die Raumvorstellung in sich. Das Mannigfaltige in der Raumvorstellung beruht lediglich auf Einschränkung. Beim Begriff gehen die Teile vorher, beim Raume aber sind die Teile erst durch das Ganze möglich.[6])

---

[1]) Kr. 658.
[2]) Kr. 50.
[3]) Kr. 51.
[4]) Kr. 51.
[5]) Kr. 52.
[6]) Das dritte Argument der ersten Auflage passt nicht in die Reihe der vier anderen Beweise u. ist darum auch in der zweiten Auflage ausgelassen bezw. in den Abschnitt über die transscendentale Erörterung des Begriffs vom Raume einbezogen worden.

Den gleichen Nachweis, nämlich, dass der Raum kein Begriff, sondern Anschauung sei, bezweckt das letzte Raumargument, das (nach seiner Fassung in der zweiten Auflage) daraus, dass der Raum eine unendliche Menge von Vorstellungen in sich enthält („denn alle Teile des Raumes ins Unendliche sind zugleich"), schliesst, dass er kein Begriff sein könne, da ein Begriff immer nur eine begrenzte Zahl von Vorstellungen als Merkmale in sich schliessen kann.

Ähnlich sind auch die Gründe, die Kant bezüglich der Zeit zum gleichen Zweck ins Feld führt, nämlich, um den Nachweis zu erbringen, dass Raum und Zeit weder etwas selbständig Existierendes, noch auch ein reales Verhältnis der Körper zu einander darstellen, dass also Raum und Zeit keine Begriffe im gewöhnlichen Sinn, überhaupt keine Begriffe seien, sondern Formen, welche die Anschauungen, die unmittelbaren Vorstellungen von Gegenständen erst möglich machen, und zwar dadurch, dass der gänzlich ungeformte Stoff der Empfindungen durch sie die erste Formbestimmtheit erhält. Das Vermögen, welches diese erste Formung des Erkenntnisstoffes vollzieht, ist die Sinnlichkeit. Diese heisst rezeptiv im Gegensatz zur Spontaneität des Verstandes, insofern sie keinen Gegenstand machen kann, sondern auf den Empfindungsstoff angewiesen ist, den sie gewissermassen in sich als die Form aufnimmt. Sie giebt den form- und gestaltlosen Empfindungen den räumlichen oder zeitlichen Charakter: Raum und Zeit sind also Formen der Sinnlichkeit, vorbewusste Zutaten, welche die Sinnlichkeit zu den Empfindungen liefert und sie dadurch erst instand setzt, Elemente des Bewusstseins zu werden — sie sind **vorbewusste** Zutaten, sofern erst das reflektierende Denken auf sie aufmerksam wird und sie als Zutaten der Sinnlichkeit, also des Subjekts, erkennt.

Damit ist aber bereits auch ihre Apriorität ausgesprochen: sie sind unabhängig von der Erfahrung bezw. Empfindung, da sie ja die Bedingungen sind, unter denen Wahrnehmung bezw. Erfahrung erst möglich wird. Sollen wir räumlich bezw. zeitlich anschauen, dann müssen die Formen des Raumes und der Zeit bereits irgendwie in uns vorhanden sein. Würden Raum und Zeit wieder durch die Empfindung gegeben, so müssten die Formen der Empfindung selbst wieder empfunden werden, was nach Kants Meinung unmöglich ist.[1])

---

[1]) Kr. 49. Riehl, Kritiz. II, 1, 104 ist der Ansicht, dass, wenn dies letztere richtig wäre, der Schluss auf die Apriorität der Form unserer

Als a priori erweisen sich die Raum- und Zeitvorstellung auch durch die Notwendigkeit, mit der sie in unserm Bewusstsein auftreten. Stellen wir uns einen Gegenstand vor, so müssen wir ihn in Raum oder Zeit vorstellen. Es giebt keine Vorstellung von äusseren Gegenständen, die nicht räumlich, keine Vorstellung von äusseren und inneren Vorgängen, die nicht zeitlich wäre. Es ist allerdings nur eine relative Notwendigkeit, die damit gegeben ist, doch will Kant auch eine absolute Notwendigkeit konstatieren, wenn er sagt: „Man kann sich niemals eine Vorstellung davon machen, dass kein Raum sei."[1]) Ob aber der Raum wirklich nicht wegdenkbar sei und was übrig bleibe, wenn wirklich alle den Raum erfüllenden Körper weggedacht werden, das ist eine andere Frage.

Raum und Zeit sind also apriorische Anschauungsformen, Gesetze der Sinnlichkeit, nach denen die Empfindungen geordnet und geregelt werden, so dass sie dem Bewusstsein als räumlich und zeitlich erscheinen.[2]) Da aber Raum und Zeit dem naiven Bewusstsein als etwas ebenso Reales und von uns unabhängig Existierendes erscheinen, wie irgend eines der von uns gewöhnlich real genannten Dinge, so liegt die Frage nur allzu nahe, ob denn nicht diesem subjektiven Gesetz, nach dem die Empfindungen gestaltet werden, eine gewisse Beziehung, eine gewisse Gesetzmässigkeit im Empfundenen entspreche. Kant selbst hat diese Frage in der Dissertation aufgeworfen und bejaht mit der Einschränkung, dass unsere Raum- bezw. Zeitvorstellungen uns nur das „dass", die Tatsache einer Relation des Empfundenen bezeugen, über die Qualität dieser Beziehung, dieser Gesetzmässigkeit aber gar nichts aussagen.[3]) Die intelligiblen Monaden — so konnte er vom Standpunkt der Dissertation aus sagen — haben also zwar eine Ordnung, eine Gesetzmässigkeit, aber diese objektive Ordnung fällt nicht mit der räumlich-zeitlichen zusammen; denn diese ist ein Gesetz der Sinnlichkeit, nicht aber ein Gesetz der Dinge.

Wahrnehmungen nicht zu umgehen wäre. Allein „die Verhältnisse der Empfindungen ... machen auf das Bewusstsein Eindruck, gleichwie die Empfindungen selbst". Es scheint indes, dass sich „Empfinden" bei Riehl u. „Empfinden" bei Kant hier nicht ganz decken.

[1]) Kr. 51.
[2]) In der Dissertation Sect. II, § 4 bestimmt Kant die Anschauungs- bezw. Zeitform als „lex quaedam menti insita, sensa ab objecti praesentia orta sibimet coordinandi".
[3]) Dissert. Sect. II, § 4.

Dieser ganze Gedankenkreis steht offenbar auch in der Kritik der reinen Vernunft noch im Hintergrund; denn sonst bliebe es absolut unerklärlich, wie die einzelnen Raumbestimmtheiten, die verschiedenartigen Lokalisationen möglich sein sollen. Entspricht aber in einer andern Welt irgend eine Ordnung der räumlich-zeitlichen Bestimmtheit unserer Vorstellungswelt, und sind demgemäss die Empfindungen, wenn auch nicht räumlich oder zeitlich, so doch irgendwie bestimmt, so kann jene Verschiedenartigkeit erklärt werden.

Muss aber jene Ansicht auch als Grundstimmung in der kritischen Zeit angenommen werden, so betont Kant hier doch schärfer die reine Subjektivität von Raum und Zeit. „Wenn wir ... die Gegenstände nehmen, so wie sie an sich selbst sein mögen, so ist die Zeit nichts ... Die Zeit ist also lediglich eine subjektive Bedingung unserer (menschlichen) Anschauung ... und an sich, ausser dem Subjekte, nichts".[1]) Eine objektive reale Zeit nennt Kant ein Unding.[2])

Anstatt aber Raum und Zeit zu rein subjektiven Anschauungsformen zu stempeln oder ihnen als objektiv realen Dingen bezw. Undingen, die uns in Empfindungen gegeben würden, die Existenzmöglichkeit abzusprechen, bliebe noch eine „dritte Möglichkeit": Raum und Zeit einerseits als apriorische Anschauungsformen zu fassen, ihnen aber andererseits zugleich objektive Realität zuzuschreiben, so dass man sie „für subjektiv und objektiv zugleich hält, dergestalt, dass sie aus einer für den Geist und für die Dinge geltenden ursprünglichen Tätigkeit entstanden, beides, subjektive und objektive Bedeutung haben".[3]) Darnach bestünde zwischen dem Raum als Anschauungsform und dem realen vom Subjekt unabhängigen Raum eine Art prästabilierter Harmonie.

Und Kant hat diese Ansicht wirklich eine Zeit lang vertreten, nämlich in der Zeit um 1768, wo er dem absoluten Raum Realität beilegt, ihn zugleich aber einen Grundbegriff nennt, „weil der absolute Raum kein Gegenstand einer äusseren Empfindung" sei. Hatte sich aber schon zu der Zeit, da er noch im Bann der Leibniz-Wolff'schen Philosophie stand, ein gewisses Unbehagen geltend gemacht über die prästabilierte Harmonie, die zur Erklärung so wenig beizutragen vermag, so geschah das noch mehr in seiner

---

[1]) Kr. 61.
[2]) Kr. 74.
[3]) Trendelenburg, Hist. Beitr. III, 223.

kritischen Periode. Den Ausschlag in der Bestimmung von Raum und Zeit als bloss subjektiven Formen der Sinnlichkeit gab wohl das Antinomienproblem, da dieses nur durch die Annahme der reinen Subjektivität von Raum und Zeit lösbar zu sein schien.[1]) Dass der Raum wirklich keinerlei reale Existenz habe, dass es unmöglich sei, dass in der Welt der Dinge an sich eine unserer räumlichen Anschauung entsprechende räumliche Ordnung bestehe, hat Kant weder bewiesen, noch von seinem Standpunkt aus beweisen können. Sobald er aber Raum und Zeit als Vorstellungsarten ansah, schien es ihm „offenbar widersprechend, zu sagen, dass eine blosse Vorstellungsart auch ausser unserer Vorstellung existiere".[2])

Sind Raum und Zeit nur subjektive Anschauungsformen, muss aber doch jede Empfindung gewissermassen durch sie hindurchgehen, um Element des Bewusstseins werden zu können, so ist klar, dass jede unserer Vorstellungen diese subjektive Zutat in sich enthält, der doch in Wirklichkeit nichts entspricht. Und da die Vorstellungen das einzige sind, das uns mit Gegenständen in Beziehung setzt, jede Vorstellung aber die Form des Raumes und der Zeit an sich trägt, so ergiebt sich daraus, dass uns die Sinnlichkeit die Dinge nicht giebt, wie sie an sich sind, sondern nur, wie sie erscheinen: die Gegenstände, die uns gegeben werden, sind nicht Dinge an sich, sondern Erscheinungen.

Kant definiert die Erscheinung als den „unbestimmten Gegenstand einer empirischen Anschauung".[3]) Sie ist das, was das gewöhnliche Bewusstsein mit Ding oder Gegenstand bezeichnet. Denn alles ist uns zunächst nur in Vorstellungen gegeben, und Schopenhauer hat Recht mit seinem „Die Welt ist meine Vorstellung". Aber so gut wir beim Sehen nicht die Funktionen des Auges empfinden, sondern die Farben, ebensogut ist uns auch nicht die Vorstellung als Tätigkeit gegeben, sondern in der Vorstellung ein Gegenstand. Und dieser Gegenstand, sofern er vorgestellt wird, heisst eben Erscheinung. Die Empfindung für sich hat nur soviel Wert, als sie uns über ein Empfundenes, einen Gegenstand

---

[1]) Ed. v. Hartmann, Kants Erk. 34.
[2]) Proleg. § 52, Akad. Ausgabe IV, 342. Den Streit zwischen Trendelenburg u. K. Fischer, der sich an des ersteren Abhandlung „Über eine Lücke in Kants Beweis von der ausschliesslichen Subjektivität des Raumes u. der Zeit" (in Hist. Beiträgen III, 215) anschloss, des näheren zu behandeln, kann hier nicht der Ort sein. Kurz skizziert ist die Sachlage bei Überweg-Heinze III, 322; ausführlich bei Vaihinger, Komm. II, 134 ff.
[3]) Kr. 48.

Aufschluss giebt. Daher bildet das, „was der Empfindung korrespondiert", in Raum und Zeit angeschaut, die Erscheinung.[1]) Nicht die Anschauung, das Produkt aus Empfindung und Anschauungsform, heisst also Erscheinung, sondern das, was angeschaut wird, der Gegenstand der Anschauung.

4. Kapitel.
Die Form der Erkenntnis bei Kant.

Anschauung für sich ist zwar ein Faktor in der Erkenntnis, aber sie ist nicht selbst Erkenntnis. Trotz des formalen Elementes, das sie bereits in sich enthält, bleibt die Anschauung doch im Bereiche der Sinnlichkeit; und gerade darin liegt das Neue der kantischen Unterscheidung von Sinnlichkeit und Verstand, dass er auch der ersteren ein formales Prinzip zuschreibt. Über die Bildung einzelner Anschauungen hinaus reicht jedoch die Tätigkeit des sinnlichen Vermögens nicht. Tatsächlich aber treffen wir in unserm Bewusstsein niemals ein blosses Neben- bezw. Durcheinander von Einzelanschauungen, vielmehr sind diese immer schon zu Anschauungskomplexen verbunden. Da aber die Formen der Sinnlichkeit eher ein Prinzip der Trennung als der Verbindung darstellen, indem sie das Ineinanderfliessen der Empfindungen verhindern,[2]) so muss jene Verbindung zu Anschauungskomplexen einen anderen Ursprung haben, als die Anschauungsformen: sie stammt aus dem Verstand, der die Anschauungen zu begrifflicher Einheit zusammenschliesst, und damit allererst instand setzt, Erkenntnisobjekt der in allgemeinen Begriffen denkenden menschlichen Vernunft (im weiteren Sinn) zu werden. Werden nun die Regeln, nach denen der Verstand in un- bezw. vorbewusster Tätigkeit die Verbindung der Anschauungen vollzieht, zum Bewusstsein gebracht, so ergiebt sich das System der Kategorien oder Verstandesbegriffe.

Wird von Kategorien gesprochen, so ist es immer in erster Linie der Name des Aristoteles, der genannt wird. Er hat die Kategorienlehre begründet, die Jahrhunderte lang dem ganzen philosophischen Denken das Gepräge gab und die auch heute noch in mancher Beziehung nachwirkt.

---

[1]) Kr. 49.
[2]) Vgl. Hölder, Kants Erk. 36.

Die Kategorien des Aristoteles, die eines der umstrittensten Probleme der aristotelischen Philosophie sowohl hinsichtlich ihrer Bedeutung als ihres Ursprungs und Prinzips darstellen, sind ihrer ursprünglichen Wortbedeutung nach (κατηγορίαι) Aussageweisen, Prädikate. Darnach könnte es scheinen, dass sie „die aus der Auflösung des Satzes entstandenen Elemente"[1]) wären. Im Einklang damit stände die Bezeichnung derselben bei Aristoteles als κατὰ μηδεμίαν συμπλοκὴν λεγόμενα.[2])

Ein Wort, eine Sprachbezeichnung hat aber für Aristoteles nur Bedeutung, sofern sie Ausdruck und Abbild eines Realen ist, und da überhaupt der Gegensatz des Seins und Werdens im Mittelpunkt seines Philosophierens stand, lag nichts näher, als auf Grund der in der Sprache niedergelegten Bezeichnungen nach den verschiedenen Arten des Seins zu fragen:[3]) Die Kategorien heissen κατηγορίαι τοῦ ὄντος. Sie sind die in den sprachlichen Bezeichnungen zum Ausdruck kommenden Seinswesen, die verschiedenen möglichen Bestimmungen des Seienden.[4])

Solcher Kategorien oder Seinsbestimmungen zählt nun Aristoteles zehn auf: Substanz, Quantität, Qualität, Relation, Wo, Wann, Lage, Haben, Tun, Leiden;[5]) aber nur selten nennt er alle, meistenteils nur drei, nämlich οὐσία, ποιόν, ποσόν und charakterisiert diese eben damit als die wichtigsten.[6]) Wenn er aber auch auf die Vollständigkeit der Aufzählung keinen Wert legt, so kann daraus nicht geschlossen werden, dass die Zahl der Kategorien ihm überhaupt gleichgültig gewesen sei (Prantl, Geschichte der Logik I, 206), vielmehr scheint er von der Vollständigkeit seiner Tafel überzeugt gewesen zu sein (vgl. Zeller, 263).

Ein Ableitungsprinzip giebt zwar Aristoteles nicht ausdrücklich an, aber er hat tatsächlich ein solches gehabt: es ist der Begriff

---

[1]) Trendelenburg, Kategorienlehre 11—13.
[2]) 1, b, 25.
[3]) Maier, Syllog. II 2, 304.
[4]) 410, a, 13: ἔτι δὲ πολλαχῶς λεγομένου τοῦ ὄντος (σημαίνει γὰρ τὸ μὲν τόδε τι, τὸ δὲ ποσὸν ἢ ποιὸν ἤ καί τινα ἄλλην τῶν διαιρεθεισῶν κατηγοριῶν).
[5]) 103, b, 21: τί ἐστι, ποσόν, ποιόν, πρός τι, ποῦ, ποτέ, κεῖσθαι, ἔχειν, ποιεῖν, πάσχειν.
[6]) Vgl. Ind. Arist. 378, a, 60. Auch die Bezeichnung wechselt oft; bald nennt er sie κατηγορίαι, κατηγορίαι τοῦ ὄντος, bald κατηγορήματα u. κατηγορούμενα, weiterhin σχήματα τῆς κατηγορίας, τῶν κατηγοριῶν, γένη τῶν κατηγοριῶν, γένη τῶν ὄντων, oder auch bloss γένη, τὰ πρῶτα, τὰ κοινὰ πρῶτα, πτώσεις. Ind. Arist. 378, a, 20 ff.

des Seins,¹) von welchem aus er seine Einteilung traf. Den Anknüpfungspunkt bot ihm wohl die Sprache, das Urteil. Daher auch das Schwanken in der Auffassung der Kategorien als Bestimmungen von halb logischem und halb ontologischem Charakter.²) Auf der einen Seite stellen sie ein System von weiter nicht reduzierbaren Seinsarten, auf der andern ein solches von Urteilsprädikaten dar.³) Doch scheint diese Übertragung der Kategorieneinteilung auf das Gebiet der Urteilsprädikate erst eine sekundäre zu sein. Sie machte eine tiefgehende Umänderung in der ersten Kategorie, der Substanz, notwendig, da diese ja ursprünglich das bedeutete, was in keinem andern enthalten ist und von keinem andern ausgesagt werden kann.⁴)

Die eigentliche und ursprüngliche Bedeutung der aristotelischen Kategorien ist aber diejenige von Seinsbestimmungen, Klassen des Seienden. Dementsprechend können sie auch, wenigstens in gewissem Sinn, Formen genannt werden — Formen des Seins, des Seienden. Was sie von den Kantischen Kategorien vor allem unterscheidet, ist der Realismus, der in ihnen zum Ausdruck kommt. —

Kant hat lange Jahre gebraucht, bis ihm das Problem seiner Kategorienlehre und dessen Lösung ganz klar wurde. Vorläufer der späteren Kategorien bilden in mancher Beziehung die „unauflöslichen Begriffe", wie sie zu Anfang der 60er Jahre in Kants Denken eine Rolle spielten. Die eigentliche Wandlung aber begann auch hier wie beim Raum- und Zeitproblem um 1769. Doch ist die Dissertation in diesem Punkte der endgültigen Lösung bei weitem nicht so nahe gekommen, wie in der Frage nach dem Wesen von Raum und Zeit.

Der Verstand hat in der Dissertation noch ein grösseres Wirkungsfeld als in der Kritik: er erkennt die Dinge, wie sie sind.⁵) Dabei unterscheidet Kant zwischen einem usus logicus und einem usus realis. Im ersteren wird nur die Wahrnehmung bezw. Erscheinung (apparentia), das Produkt der Sinnlichkeit, begrifflich geformt, während im realen Gebrauch reine Verstandesbegriffe

---

¹) Vgl. Maier, Syllog. II 2, 297.
²) Vgl. Sentroul, L'objet . . . 123.
³) Maier, Syllog. II 2, 325.
⁴) Kateg. 5; 2, a, 11. Vgl. Maier, Syllog. II 2, 318 f.
⁵) Dissert. Sect. II, § 4.

gegeben werden.¹) Die Dissertation lehrt also reine Verstandesbegriffe. Doch sind diese nicht etwa angeboren, sondern erworben und zwar durch Reflexion auf die dem Geist eingepflanzten Gesetze,²) bezw. auf die bei Gelegenheit der Erfahrung auf Grund dieser Gesetze erfolgenden Tätigkeit des Verstandes. Als solche reine Begriffe nennt Kant Möglichkeit, Wirklichkeit (existentia), Notwendigkeit, Substanz, Ursache u. s. w. In einer Reflexion,³) die auch um diese Zeit anzusetzen ist, bezeichnet er „gewisse allgemeine Begriffe, die durch die Natur der Vernunft gegeben sind, nach denen andere und ihr Verhältnis gedacht werden, z. B. Subjekt und Prädikat", als „metaphysisch".

Was die Dissertation trotz der „dem Geiste eingepflanzten Gesetze", trotz der reinen Verstandesbegriffe noch so weit vom Standpunkt der Kritik entfernt, ist der Umstand, dass die Anwendbarkeit dieser reinen Verstandesbegriffe auf die reale Welt gar nicht in Frage gestellt, sondern einfach vorausgesetzt wird. Erst 1772⁴) taucht dieses Problem auf. „Wie mein Verstand gänzlich a priori sich selbst Begriffe von Dingen bilden soll, mit denen notwendig die Sachen einstimmen sollen … diese Frage hinterlässt immer eine Dunkelheit in Ansehung unseres Verstandesvermögens, woher ihm diese Einstimmung mit den Dingen selbst komme." Um Klarheit in diese schwierige Frage zu bringen, suchte er „alle Begriffe der gänzlich reinen Vernunft in eine gewisse Zahl von categorien zu bringen, aber nicht wie Aristoteles, der sie so, wie er sie fand, in seinen zehn praedikamenten aufs blosse Ungefähr neben einander setzte, sondern so, wie sie sich selbst durch einige wenige Grundgesetze des Verstandes von selbst in Klassen einteilen".⁵)

Was bedeuten nun aber diese Kategorien in der Kritik der reinen Vernunft und wie können sie einen Faktor in der Erkenntnis abgeben?

---

¹) Sect. II, § 6: Conceptus tales tam obiectorum quam respectuum dantur per ipsam naturam intellectus, neque ab ullo sensuum usu sunt abstracti nec formam ullam continent cognitionis sensitivae qua talis.

²) Sect. II, § 8. Akad. Ausgabe II, 395 … non tamquam conceptus connati sed e legibus menti insitis (attendendo ad eius actiones occasione experientiae) abstracti ideoque acquisiti.

³) 512.

⁴) Brief Kants an Herz v. 21. Febr. Akad. Ausgabe X, 126.

⁵) Akad. Ausgabe X, 126. Dass dieses Urteil über Aristoteles nicht richtig ist, ergiebt sich aus der früheren Darstellung, wenn auch Aristoteles auf empirischem Wege zu seinen Kategorien gelangte.

"Die Kategorien sind nichts Anderes, als die Bedingungen des Denkens zu einer möglichen Erfahrung, so wie Raum und Zeit die Bedingungen der Anschauung zu eben derselben enthalten."[1] Wie Raum und Zeit Formen der Sinnlichkeit, so sind die Kategorien Formen des Verstandes. Sie sind Funktionen des Verstandes zu Begriffen;[2] unter Funktionen aber versteht Kant „die Einheit der Handlung, verschiedene Vorstellungen unter einer gemeinschaftlichen zu ordnen".[3] Die Kategorien sind Regeln des verknüpfenden Denkens, Funktionen, durch die der Verstand die sinnlichen Anschauungen verknüpft und formt.

Durch die Formen der Sinnlichkeit erhalten die Empfindungen die räumliche und zeitliche Ordnung. In der blossen Anschauung ist nur die unmittelbare Vorstellung, das Bild eines Gegenstandes gegeben. Aber dieser Gegenstand ist noch für sich isoliert, ohne Beziehung auf andere Gegenstände, selbst ohne Beziehung auf das anschauende Subjekt — kurz er ist gegeben, aber nicht erkannt. Jedes Erkennen ist ein beziehendes Denken, und Aristoteles sagt mit Recht, dass wir etwas erst dann zu erkennen glauben, wenn wir seine Ursache kennen. Es ist vor allem das Verhältnis von Ursache und Wirkung, ohne das ein erkennendes Denken geradezu unmöglich ist. Dazu kommen aber noch die mannigfaltigsten Verbindungen und Beziehungen, die sich in unserm Bewusstsein mit elementarer Gewalt als Beziehungen der angeschauten Gegenstände, nicht etwa bloss der subjektiven Vorstellungen, kund geben.

Sind nun diese Begriffe, wie Kausalität, Substanz u. ä. nur Abbilder realer Verhältnisse der Dinge? Ist es das gleiche, ob ich in logischem Prozess vom Grund auf die Folge oder aber in einem auf das Reale gerichteten Denken von der Ursache auf die Wirkung schliesse? — Jahrhunderte lang deckten sich die Begriffspaare: Ursache und Wirkung — Grund und Folge, bis Hume, „der Kritiker der Kausalität", nachwies, dass die Verbindung von Ursache und Wirkung nicht aus der Empfindung, nicht aus der Erfahrung stammen, die Kausalität also kein Erfahrungsbegriff sein könne. Die Empfindung, bezw. Wahrnehmung sagt uns nur, dass etwas auf etwas anderes folgt, aber nicht, dass jenes die Wirkung von diesem sei. Darauf gründet Hume die These, dass unser kausales Denken auf blosser Angewöhnung beruhe: weil wir erst auf eine

---
[1] Kr. 124.
[2] Kr. 149.
[3] Kr. 88.

Veränderung eine andere folgen sehen, so bilden wir uns ein, dass es immer so sei, bezw. sein müsse, und dass eine reale Beziehung zwischen den beiden Veränderungen bestehe. Dass übrigens eine derartige Beziehung zwischen den Dingen bezw. den Veränderungen der Dinge tatsächlich vorhanden sei, hat Hume nicht geleugnet, sondern nur deren Erkennbarkeit. Ist aber der Schluss von der Ursache auf die Wirkung (oder umgekehrt) nicht gerechtfertigt, und weil unbegründet in gewissem Sinn auch unwahr, hat das logische Verhältnis von Grund und Folge nicht zugleich auch reale Bedeutung, dann ist ein Erkennen überhaupt unmöglich; das Ende ist die Verzweiflung an jeder Erkenntnis, die Skepsis.

Hume's Prämisse, dass der Begriff der Kausalität kein aus der Erfahrung gewonnener Begriff sei, nimmt Kant an — die von Hume daraus gezogene Folgerung zu vermeiden, darin hat der ganze kantische Kritizismus seinen Zweck und sein Ziel, vor allem aber seine Kategorienlehre.

Kant hat sich zwar bereits in den 60er Jahren[1]) mit dem Problem des logischen und des Realgrundes beschäftigt und er fragt: „Wie soll ich es verstehen, dass, weil etwas ist, etwas anderes sei?[2]) Aber es ist wohl noch nicht das eigentlich Hume'sche Problem, das ihn hier beschäftigt; ihm liegt nur daran, zu zeigen, dass man aus dem blossen Begriff eines als Ursache auftretenden Dings durch logische Schlussfolgerung nicht die zugehörige Wirkung finden könne,[3]) dass vielmehr „alle unsere Erkenntnisse von dieser Beziehung sich in einfachen und unauflöslichen Begriffen der Realgründe endigen, deren Verhältnis zur Folge gar nicht kann deutlich gemacht werden".[4]) Zu einem treibenden Faktor in der kantischen Entwicklung wurde das Problem der Kausalität als solches wohl erst seit dem Ende der 60er oder anfangs der 70er Jahre, in welche Zeit der entscheidende Einfluss Hume's zu setzen sein dürfte. War aber Hume von der Erkenntnis aus, dass der Kausalbegriff nicht in bezw. aus der Erfahrung gewonnen sei, zu der Aufstellung gelangt, dass der Schluss von der Ursache auf die Wirkung nur auf Angewöhnung, auf Einbildung beruhe, so kommt umgekehrt Kant von jener Annahme aus zur Behauptung der

---

[1]) „Versuch, den Begriff der negativen Grössen in die Weltweisheit einzuführen."

[2]) Akad. Ausgabe II, 202.

[3]) Vgl. Heymans, Archiv für Gesch. der Philosophie II (1889), 581.

[4]) II, 204.

Apriorität des Kausalbegriffs. Die Kausalität und die mit ihr auf gleicher Stufe stehenden Begriffe stammen nicht aus der Erfahrung, sondern beruhen auf Funktionen des Verstandes: sie sind Kategorien, reine Formen, nach denen der Verstand denken muss, so oft er Gegenstände denkt. Wie die Anschauung durch die Formen der Sinnlichkeit — Raum und Zeit — bestimmt ist, so trägt jeder gedachte Gegenstand das Gepräge dieser Formen, dieser Kategorien an sich. Denn erst dadurch können sie in das Ganze der Erkenntnis eingehen, dass sie durch die Einheitsfunktionen zu der schon vorhandenen Vorstellungswelt in Beziehung gesetzt werden. Die Vielheit und Mannigfaltigkeit der Anschauungen wird durch sie vereinheitlicht. Ohne Einheit in der Vielheit ist Erkenntnis nicht möglich. Während sich aber nach Aristoteles die Einheit in der Vielheit (ἓν κατὰ πολλῶν) findet und finden muss, wenn Erkenntnis möglich sein soll, schafft nach Kant der Verstand allererst diese Einheit. Und die Funktionen, durch welche dies geschieht, sind die Kategorien.

Hier in der Bestimmung der Kategorie als Einheitsfunktion liegt das Mittelglied zwischen Kategorie und Urteilsform. Das Urteil ist, wie schon Aristoteles sagt, eine Synthese von Vorstellungen (σύνθεσις νοημάτων), von Begriffen oder wie Kant sich ausdrückt: „Ein Urteil ist die Vorstellung der Einheit des Bewusstseins verschiedener Vorstellungen oder die Vorstellung des Verhältnisses derselben, sofern sie einen Begriff ausmachen."[1]) Jedes Urteil aber setzt sich zusammen aus Materie und Form. „In den gegebenen zur Einheit des Bewusstseins im Urteil verbundenen Erkenntnissen besteht die Materie, in der Bestimmung der Art und Weise, wie die verschiedenen Darstellungen als solche zu Einem Einheitsbewusstsein gehören, die Form des Urteils."[2]) Die Urteilsformen stellen also die möglichen Verknüpfungsarten dar, welche der Verstand in seinem logischen Gebrauch betätigt. Verknüpfungsarten von Vorstellungen bezw. deren Gegenständen sind aber auch die Kategorien. Darum gibt es der letzteren soviel, wie der Urteilsformen.[3]) Der einzige Unterschied besteht darin, dass die Urteilsformen die logisch-formale, die Kategorien aber die sachliche Verknüpfung zum Ausdruck bringen, oder wie Riehl[4])

---

[1]) Logik, herausg. v. Jäsche, § 17.
[2]) Logik, § 18.
[3]) Vgl. W. Windelband, Gesch. d. n. Philos. II, 71.
[4]) Kritiz. I, 358.

sich ausdrückt: „Die logische Funktion wird zur Kategorie, wenn sie statt auf Begriffe, auf Gegenstände der Anschauung angewendet wird."

So ergab sich für Kant als Prinzip und zugleich als „Leitfaden" zur Entdeckung der Kategorie das Urteil bezw. die schon ausgebildete logische Lehre vom Urteil. „Um . . . ein . . . Prinzip aufzufinden — so schildert Kant selbst diese seine Entdeckung — [1]) sah ich mich nach einer Verstandeshandlung um, die alle übrigen enthält und sich nur durch verschiedene Modifikationen oder Momente unterscheidet, das Mannigfaltige der Vorstellung unter die Einheit des Denkens überhaupt zu bringen, und da fand ich, diese Verstandeshandlung bestehe im Urteilen."

Entsprechend der Quantität, Qualität, Relation und Modalität des Urteils unterschied also Kant vier Klassen von Kategorien, deren jede drei Kategorien umfasst: Einheit, Vielheit, Allheit (Quantität); Realität, Negation, Limitation (Qualität); Inhärenz und Subsistenz, Kausalität und Dependenz, Gemeinschaft bezw. Wechselwirkung (Relation); und endlich Möglichkeit, Dasein, Notwendigkeit (Modalität).[2])

Dies sind also nach Kant die verschiedenen Arten, auf die der Verstand die Anschauungen bezw. ihre Gegenstände verknüpft. Sie bilden das formale Element der Erkenntnis, die Zutat, welche der Verstand vor aller Reflexion zum Erkenntnisstoff beiträgt. Sie sind die apriorischen Formen, die Funktionen des Verstandes, durch welche die Mannigfaltigkeit und Unbestimmtheit der Anschauungen die zur Erkenntnis notwendige Einheit und Bestimmtheit erhält.

Doch zeigt sich hier noch eine bedeutende Schwierigkeit: Nach Kant sind Raum und Zeit nicht bloss Anschauungsformen, sondern auch Anschauungen, und die Kategorien werden nur selten Funktionen oder Formen, sehr häufig dagegen Begriffe genannt. Wie kann aber die Anschauungsform zugleich Anschauung, wie

---

[1]) Proleg. § 39; IV, 323.
[2]) Kr. 96. Wegen dieses engen Anschlusses an die traditionelle Urteilslehre — die Abänderungen, die er traf, hatten auf das Grosse und Ganze nur geringen Einfluss — hat sich Kant von Anfang an schwere Angriffe gefallen lassen müssen und wohl nicht mit Unrecht; denn wenn auch das Urteil als Prinzip anerkannt wird, so ist es doch mehr als zweifelhaft, ob jene schulmässigen Bezeichnungen wirklich das innerste Wesen des Urteils ausdrücken. Vgl. Riehl, Kritiz. I, 362.

kann die Denkform zugleich Begriff sein? — Kant hat zwar selbst die Schwierigkeit bemerkt, aber nicht gelöst.[1]) Durch die Gleichsetzung gewinnt er, wie Aristoteles durch seine Identifizierung von Wesensform und Begriff, einen Ausgangspunkt für die Deduktion des Systems, während eine Funktion der Sinnlichkeit bezw. des Verstandes hierzu völlig unbrauchbar wäre.

Wenn er aber Raum und Zeit „reine Anschauungen", die Kategorien „reine Begriffe" nennt, so meint er damit nicht ein Bereitliegen der fertigen Begriffe bezw. Anschauungen vor jeder Erfahrung.

Er spricht nur davon, dass gewisse apriorische Begriffe übrig bleiben, wenn wir bei Erfahrungsbegriffen nach und nach von allem Empirischen abstrahieren.[2])

Hier wirkt offenbar die Bezeichnung, welche Kant Raum und Zeit und einer Anzahl von Begriffen in der Dissertation gegeben hatte, nach. Dort aber nennt er „reine Begriffe" (ideae purae) diejenigen, die nicht aus Sinnlichem abstrahiert, sondern durch Betrachtung der dem Geiste eingepflanzten Gesetzmässigkeit und der daraus entspringenden Handlungen gewonnen werden.[3])

Daher lässt sich die Schwierigkeit wohl dahin lösen, dass die „reine Anschauung" bezw. der „reine Begriff" zwar nur durch Reflexion auf die Form der Anschauung bezw. auf die Regeln des Verstandesgebrauchs gebildet, hernach aber völlig unabhängig von jeder, auch der inneren, Erfahrung jederzeit wieder vorgestellt bezw. gedacht werden kann, obgleich ihnen in der Empfindung bezw. Anschauung kein korrespondierendes Objekt gegeben ist, wie es bei allen anderen (nicht reinen) Anschauungen und Begriffen der Fall sein muss.[4]) Damit stimmt überein, wenn Kant sagt: „Die reine Synthesis, allgemein vorgestellt, giebt nun den reinen Verstandesbegriff."[5])

---

[1]) Kr. 678 Anm.; vgl. Vaihinger, Komm. II, 105/106.
[2]) Kr. 650.
[3]) Vgl. Sect. II, § 8. Während nun aber Kant die Bezeichnung beibehält, bekommt die ganze Ausdrucksweise in der Kritik der reinen Vernunft eine etwas veränderte Färbung dadurch, dass die ganze Anschauungsweise und einigermassen auch das Wort „rein" verändert erscheint.
[4]) Vgl. Refl. 536.
[5]) Kr. 95.

Wenn er aber den „reinen Verstandesbegriff" gleich setzt mit dem „reinen Denken eines Objekts überhaupt",[1]) und die Kategorien „als blosse logische Funktionen ein Ding überhaupt vorstellen"[2]) so könnte es scheinen, dass schon die Kategorien für sich eine gewisse Erkenntnis zu bieten vermöchten. Dem ist aber nicht so: wie die Anschauung nur Faktor der Erkenntnis ist, so auch die Kategorien. Sie sind verknüpfende Funktionen, Formen, die völlig leer sind, wenn ihnen nicht in den Anschauungen ein verknüpfbares Material gegeben wird. Für sich selbst sind sie „nichts als logische Funktionen",[3]) aber „Gedanken ohne Inhalt sind leer, Anschauungen ohne Begriffe sind blind".[4])

Die Kategorien stellen das rein formale Element in der Erkenntnis dar, darum können sie auch von sich aus eine materiale Erkenntnis niemals bieten. Der Stoff kann nur aus der Sinnlichkeit stammen, nur durch sie „werden uns Gegenstände gegeben". Darum muss sich alles Denken, wie Kant sagt, „zuletzt auf Anschauungen, mithin, bei uns, auf Sinnlichkeit beziehen, weil uns auf andere Weise kein Gegenstand gegeben werden kann".[5])

Der Gebrauch der Kategorien ist also auf Gegenstände der Sinnlichkeit, d. h. auf Erscheinungen eingeschränkt. Sinnlichkeit und Verstand, bezw. deren Produkte, Anschauungen und Kategorien, sind bei der Betrachtung streng zu scheiden — aber nur wenn beide zusammenwirken, kommt Erkenntnis zustande. Wie Materie und Form theoretisch auseinander gehalten werden müssen als die beiden Faktoren des Werdens, eine wirkliche Entwickelung aber nur durch ihre Vereinigung, ihr Zusammenwirken erfolgen kann, so auch bei den Faktoren des Erkennens.

---

[1]) Brief an Beck vom 16. bezw. 17. Okt. 1792. Akad. Ausg. XI, 362.
[2]) Proleg. § 46, IV, 332.
[3]) Proleg. § 39, IV, 324.
[4]) Kr. 77.
[5]) Kr. 48.

II. Teil.
Der Erkenntnisprozess.

1. Kapitel.
Der natürliche Weg zur Erkenntnis bei Aristoteles.

Waren bisher auf Grund der Unterscheidung von Form und Stoff in der Aristotelischen und Kantischen Erkenntnislehre die Erkenntnisfaktoren oder, wie sich Kant ausdrückt, die Erkenntnisstücke[1]) mehr in den Vordergrund getreten, so hat doch, wenn vielleicht auch nicht in der Kantischen, dann jedenfalls in der Aristotelischen Philosophie der Erkenntnisprozess eine kaum geringere Rolle gespielt.

Dass wir erkennen, dass wir Gegenstände, die von uns selbst verschieden sind, denkend erfassen, ist für das naive Bewusstsein selbstverständlich, aber wie dies geschieht, darin liegt das grosse Problem. Gegenstand der Erkenntnis im höchsten Sinn des Wissens ist für Aristoteles nur das Allgemeine, der in vielen Einzeldingen verwirklichte Begriff. Und da der Begriff das schöpferische Agens, die treibende Kraft im Naturgeschehen ist, so ist er auch das an sich Frühere (πρότερον τῇ φύσει), aber er ist es nicht für uns. Erst nach langem Abstraktions- bezw. Induktionsprozess erreicht ihn unser Denken; für uns ist das Einzelne das Frühere, und das Vermögen, durch das wir das Einzelne erfassen, ist die Wahrnehmung. Sie ist die erste und die niedrigste Stufe im Erkenntnisprozess.

Aristoteles unterscheidet darnach geradezu eine eigene Stufe des Lebens, die Stufe der wahrnehmenden, empfindenden Seele.[2])

Die Wahrnehmung, oder vielleicht besser ausgedrückt, die Empfindung ist nun nach Aristoteles eine Bewegung der Seele mittels des Leibes,[3]) ein Vorgang, an dem Seele und Leib gleichmässig beteiligt sind.[4]) Das Wahrnehmungsobjekt wirkt auf den Sinn und zwar durch Berührung, aber nicht unmittelbar, sondern mittelbar durch Medien.[5]) Die letzteren sind je nach dem einzelnen Sinne verschieden: für den Tast- und Geschmackssinn das

---

[1]) Kant an Beck, 20. Jan. 1792; Akad. Ausgabe XI, 302.
[2]) 467, b, 23; 413, b, 2.
[3]) κίνησίς τις διὰ τοῦ σώματος τῆς ψυχῆς. 454, a, 9.
[4]) 436, a, 8.
[5]) De an. II, 7 Schl.

Fleisch, für die übrigen Luft und Wasser.¹) In den Sinnesorganen sind sonach alle Elemente vertreten: Wasser und Luft bilden den eigentlichen Organkörper, das Feuer ist allen gemeinsam; denn ohne Wärme giebt es keine Empfindung, keine Wahrnehmung; die Erde dagegen ist dem Tastsinn eigentümlich. Aristoteles schliesst daraus, dass es überhaupt nicht mehr als die vorhandenen Sinne geben könne,²) da für einen weiteren Sinn kein Objekt vorhanden wäre.

Die durch das Objekt im Sinne bewirkten Eindrücke werden durch Kanäle (πόροι) ein gewisses Analogon der Empfindungsnerven, zum Centralorgan der wahrnehmenden Seele, dem Herzen fortgeleitet.³) Die Einwirkung selbst bezeichnet Aristoteles als eine Art Verwandlung (ἀλλοίωσίς τις), ein Bewegtwerden und Leiden.⁴) Das Wahrnehmende ist vor dem Akte der Wahrnehmung das Wahrgenommene der Möglichkeit nach; im Wahrnehmungsakte wird diese Potentialität zur Aktualität.⁵) Es wirkt die alte Ansicht nach, dass nur Gleiches von Gleichem leiden könne,⁶) dass Objekt und Organ des Erkennens gewisse Ähnlichkeit haben müssen.⁷) Soll das Wahrnehmende eine Einwirkung vom Wahrnehmungsobjekt empfangen, so muss es wenigstens der Möglichkeit nach mit diesem identisch sein. Und im Akte selbst werden die beiden auch in Wirklichkeit identisch — zwar nicht dem Sein, aber doch dem Zustand nach.⁸) Vor der Wahrnehmung sind Wahrnehmendes und Wahrgenommenes ungleich, in der Wahrnehmung aber werden sie gleich gemacht.⁹)

Daraus ergiebt sich bereits, dass, wenn Aristoteles das Wahrnehmen ein Leiden nennt, dies nicht im gewöhnlichen Sinne: Leiden gleich teilweise Vernichtung zu verstehen ist. Er unter-

---

¹) Vgl. Zeller 537.
²) De an. III, 1.
³) Zeller glaubt, Aristoteles habe diese πόροι mit πνεῦμα erfüllt gedacht (Arch. f. Gesch. d. Phil. II, 285), wogegen Bullinger, Metaph. 4 f. sie für „eigene mit spezifischen Organkörperchen erfüllte von den peripherischen Sinnesenden zum Centralorgan führende Kanäle" hält. Mit πνεῦμα erfüllt sei nur der πόρος des Gehörs und vielleicht noch der des Geruchs.
⁴) ἡ δ' αἴσθησις ἐν τῷ κινεῖσθαί τε καὶ πάσχειν συμβαίνει. 416, b, 33.
⁵) 417, a, 6.
⁶) Vgl. 416, b, 35.
⁷) Der νοῦς fasst nur die νοητά, die αἴσθησις die αἰσθητά, Kampe 7.
⁸) 425, b, 25.
⁹) 418, a, 3.

scheidet mit Rücksicht hierauf 2 Arten von Veränderung und Leiden: eine, die auf Umgestaltungen durch Beraubung[1]) und eine andere, die auf Zustände hinzielt, die in der Natur begründet sind (τὴν ἐπὶ τὰς ἕξεις καὶ τὴν φύσιν). Von der letzteren Art ist das Leiden des Wahrnehmenden und überhaupt das Leiden, von dem beim Lernen, Denken, Erkennen u. s. w. die Rede ist.

Wahrnehmung ist also ein Leiden, insofern ohne einwirkenden Gegenstand keine Wahrnehmung erfolgt, aber dieses Leiden besteht in einem „Fortschritt zur eigenen Natur".[2]) Sie ist Überführung der Potentialität zur Aktualität und kann daher selbst auch ein Wirken genannt werden.

Wie kann nun aber das Wahrnehmende sein Objekt erfassen, oder vielmehr: was an den Dingen ist das eigentliche Objekt der Wahrnehmung? Die Wahrnehmung geht auf das Einzelne und sie ist es allein, die uns die Vielheit der Dinge vermittelt. Aber nicht das Einzelne als solches geht in das wahrnehmende Subjekt ein, sondern nur dessen sinnliche Form und insofern ist schon auf dieser niedersten Stufe im Erkenntnisprozess nicht das Einzelne als solches, sondern ein Allgemeines Objekt der Erkenntnis; denn die sinnliche Form ist nicht ein τόδε, sondern ein τοιόνδε, ein Qualitatives.[3]) Aber freilich von dem Allgemeinen, das den Gegenstand des Wissens ausmacht, ist das Allgemeine der Wahrnehmung noch weit entfernt.[4]) Nicht das Allgemeine als Allgemeines ist Gegenstand der Wahrnehmung, sondern das Allgemeine in seiner Verwirklichung und zugleich Begrenzung im Einzelnen.[5]) Wie das Wachs nur die Form des Siegelringes aufnimmt ohne den Stoff, so auch das Wahrnehmungsvermögen die sinnlichen Formen der Einzeldinge ohne deren Materie. Und wie es für die Form ganz gleichgültig ist, ob der Siegelring aus Gold oder Eisen besteht, und demgemäss im Wachs ein und dieselbe Form erscheint, so auch in der Wahrnehmung: die Form für sich ist etwas durchaus Selbständiges und Einzelnes, aber sie kann, wie das Siegel, in verschiedenem Stoff verwirklicht sein und ist insofern etwas Allgemeines.[6])

---

[1]) τήν τε ἐπὶ τὰς στερητικὰς διαθέσεις μεταβολήν. 417, b, 14 ff.
[2]) Trendelenburg, Kateg. 138.
[3]) Vgl. De an. III, 8.
[4]) 87, b, 28; 417, b, 22; 425, b, 23.
[5]) Vgl. Kampe 93 ff.
[6]) 424, a, 17 ff.

So ist es nicht auffallend, wenn Aristoteles die Wahrnehmung eine Art Erkenntnis nennt.¹) Daneben betont er freilich energisch, dass es ein Wissen, d. h. eben eine eigentliche Erkenntnis durch Wahrnehmung nicht gebe,²) aber das von der Sophistik gepflegte Misstrauen gegen die Sinneswahrnehmung kann er nicht teilen. Jeder Sinn hat ein ihm eigentümliches Gebiet von Objekten, z. B. der Gesichtssinn die Farben, und die Wahrnehmung dieser spezifischen Objekte, der ἴδια, ist immer oder doch fast immer wahr,³) d. h. sie ist das adäquate Abbild eines Realen ausser uns. Die Möglichkeit der Sinnestäuschung giebt er zu, aber er glaubt, dieselbe liege nicht in der unmittelbaren Wahrnehmung, sondern erst in der Beziehung einer Wahrnehmung auf einen Gegenstand, also bereits ausserhalb der Sphäre der spezifischen Sinneswahrnehmung,⁴) im Gebiete des Gemeinsinnes, des inneren Sinnes.

Wir werden uns unserer Wahrnehmungen bewusst und wir nehmen wahr, dass wir sehen, hören. Es fragt sich also: nimmt der einzelne Sinn selbst seine Tätigkeit wahr, oder aber besteht hierfür ein besonderer Sinn? Das letztere würde auf eine unendliche Reihe führen, darum kann sich Aristoteles nicht ohne weiteres zu dessen Annahme verstehen. Etwas anderes aber ist es bei der Unterscheidung der einzelnen Wahrnehmungen unter einander. Die Unterschiede, welche in das Gebiet eines einzelnen Sinnes fallen, d. h. ein und derselben Gattung angehören,⁵) werden in der Wahrnehmung selbst wahrgenommen, z. B. der Unterschied zwischen Weiss und Schwarz; dagegen die Unterschiede der Wahrnehmungen verschiedener Sinne, z. B. Süss und Weiss festzustellen, dazu ist keiner der äusseren Sinne imstande: dies kann nur ein Sinn, der alle andern in gewisser Weise unter sich befasst; denn man kann nicht, wie sich Aristoteles ausdrückt, „mit Getrenntem das Getrennte unterscheiden".⁶) Es muss also ein universeller Sinn sein, der die Wahrnehmungen der verschiedenen Sinne vergleicht und unterscheidet.⁷) Diese Einheit in der Mannigfaltigkeit der sinnlichen

---

¹) ἡ δ'αἴσθησις γνῶσίς τις; 731, a, 33. Vgl. 981, b, 11.

²) 87, b, 28.

³) 428, b, 18: ἡ δ'αἴσθησις τῶν μὲν ἰδίων ἀληθής ἐστιν ἢ ὅτι ὀλίγιστον ἔχουσα τὸ ψεῦδος.

⁴) 428, b, 18. 21; vgl. Zeller 202.

⁵) Vgl. 448, b, 25.

⁶) 426, b, 23.

⁷) Vgl. 431, a, 20 ff. 449, a, 8; ἀνάγκη ἄρα ἕν τε εἶναι τῆς ψυχῆς, ᾧ ἅπαντα αἰσθάνεται.

Wahrnehmungen hat ihr Organ in dem πρῶτον αἰσθητικόν,[1] dem πρῶτον αἰσθητήριον[2] der αἰσθητικὴ ἀρχή,[3] der κοινὴ αἴσθησις,[4] dem Urvermögen, dem Prinzip der Wahrnehmung,[5] dem Gemeinsinn, oder dem inneren Sinn.[6]

Dieser hat aber nicht bloss die Sensationen der einzelnen Sinne zum Gegenstand, die er vergleicht und unterscheidet, er findet ein eigentümliches Objekt auch an den allgemeinen Eigenschaften der Dinge (κοινά), die wohl von den äusseren Sinnen — von allen, oder doch von mehreren — wahrgenommen werden, aber eben deswegen nicht das spezifische Objekt irgend eines der äusseren Sinne ausmachen: es sind dies Grösse und Gestalt, Bewegung und Ruhe, Zahl und Einheit und mit Bewegung und Zahl auch die Zeit.[7] Doch nimmt der innere Sinn nicht etwa mit Umgehung der äusseren Sinne und neben denselben diese Objekte wahr, sondern in und mittels der äusseren Sinne, sofern die Sensationen der letzteren sein eigentümliches Objekt bilden.[8]

Gerade dieser Umstand führt aber zu einer weiteren Funktion desselben: der Beziehung der Empfindungen auf Objekte. Für die äusseren Sinne ist die Empfindung selbst der Gegenstand; das Ohr hört den Ton, nicht das tönende Objekt, und soweit die einzelnen Sinne selbst vergleichen und unterscheiden, haben sie die Vergleichungseinheit in der Gattungseinheit (Weiss und Schwarz gehören zu einer Gattung: Farbe). Anders steht es beim inneren Sinn, der die verschiedenartigsten Empfindungen zu vergleichen oder zu unterscheiden hat. Seine Objekte, z. B. Weiss und Süss, gehören nicht zu einer Gattung, sind also inkommensurabel, treten aber doch immer in gewissen, gleichbleibenden Verbindungen auf und verlangen darum in irgendwelche Verhältnisbeziehungen gesetzt zu werden. Gattungseinheit besteht nicht, dann kann als Einheit nur die des Gegenstandes, der die verschiedenartigen Empfindungen weckt, in Betracht kommen. Um also eine Beziehung, z. B. zwischen Weiss und Süss, herzustellen, müssen beide auf ihr einheitliches Substrat (z. B. Zucker) bezogen werden.

---

[1] 450, a, 11.
[2] 456, a, 21.
[3] 667, b, 29.
[4] 450, a, 10.
[5] Vgl. Bonitz: Ind. Arist. 20, a u. b.
[6] Vgl. De an. III, 2.
[7] 442, a, 5. 450, a, 9. 418, a, 17. Bes. 425, a, 13 ff.
[8] Vgl. Brentano, Psych. 93 f.

Damit ist aber die ursprüngliche Grenze des Wahrnehmungsgebietes bereits überschritten. Die Beziehung einer Empfindung auf ein Objekt ist nicht mehr Wahrnehmung, sie ist bereits ein Akt des Denkens und damit ein, wenn auch niederer Akt des Erkennens. In ihr liegt ein Urteil, das Urteil aber ist das Gebiet der Wahrheit und des Irrtums. Während die spezifische Sinneswahrnehmung immer oder fast immer wahr, eine Täuschung also beinahe gänzlich ausgeschlossen ist, ist dies im Felde des inneren Sinnes nicht der Fall. In der Beziehung der Empfindung auf einen Gegenstand, in dem Urteil über das Zukommen oder Nicht-Zukommen einer Eigenschaft einer Substanz gegenüber, ist Irrtum möglich, am meisten aber sind der Gefahr der Täuschung die Wahrnehmungen der gemeinsamen Eigenschaften ausgesetzt.[1]

So nähert sich die Wahrnehmung mehr und mehr dem Denken. Das Objekt wird zu einem Allgemeinen, während ursprünglicher Gegenstand der Wahrnehmung das Einzelne ist, und der innere Sinn könnte vielleicht als die wahrnehmende Seele selbst (ψυχὴ αἰσθητική) gefasst werden,[2] die hinüberleitet zum νοῦς, welchem sie das Material liefert, aus dem er dann das Allgemeine, die νοητά schöpft. Die Identifikation von innerem Sinn und wahrnehmender Seele scheint umsomehr berechtigt, als Aristoteles auf den Gemeinsinn auch die Einbildungskraft und das Gedächtnis zurückführt,[3] sowie eine Art Selbstbewusstsein aus ihm ableitet,[4] das Bewusstsein, dass es unsere Wahrnehmungen sind.[5]

---

[1] 428, b, 20: καὶ ἐνταῦθα (in der αἴσθησις τοῦ συμβεβηκέναι ταῦτα) ἤδη ἐνδέχεται διαψεύδεσθαι. ὅτι μὲν γὰρ λευκόν, οὐ ψεύδεται, εἰ δὲ τοῦτο τὸ λευκὸν ἢ ἄλλο τι, ψεύδεται. τρίτον δὲ τῶν κοινῶν καὶ ἑπομένων τοῖς συμβεβηκόσιν. — Das unmittelbar folgende: οἷς ὑπάρχει τὰ ἴδια hält Maier, Syllog. I, 8, 2 mit Rücksicht auf Met. 1010, b, 19—21 für interpoliert, wodurch die Interpretation bedeutend erleichtert würde.

[2] 469, a, 5. 736, b, 14. Vgl. Kampe 95.

[3] 450, a, 10: τὸ φάντασμα τῆς κοινῆς αἰσθήσεως πάθος ἐστίν ... ἡ δὲ μνήμη καὶ ἡ τῶν νοητῶν οὐκ ἄνευ φαντάσματός ἐστιν· ὥστε τοῦ νοουμένου κατὰ συμβεβηκὸς ἂν εἴη, καθ' αὑτὸ δὲ τοῦ πρώτου αἰσθητικοῦ ... (22) τίνος μὲν οὖν τῶν τῆς ψυχῆς ἐστιν ἡ μνήμη, φανερόν, ὅτι οὗπερ καὶ ἡ φαντασία.

[4] Vgl. Zeller 544.

[5] Während sich Aristoteles in seiner Schrift περὶ ψυχῆς III, 2 nicht ohne weiteres für die Annahme entscheiden kann, dass wir mittels eines besonderen Sinnes wahrnehmen, dass wir wahrnehmen, d. h. der Wahrnehmung uns bewusst werden, spricht er dies in περὶ ὕπνου entschieden aus: ἔστι δέ τις καὶ κοινὴ δύναμις ἀκολουθοῦσα πάσαις ᾗ καὶ ὅτι ὁρᾷ καὶ ἀκούει καὶ αἰσθάνεται· οὐ γὰρ δὴ τῇ γε ὄψει ὁρᾷ, ὅτι ὁρᾷ 455, a, 15.

Die Wahrnehmung auf dieser Stufe, die bewusste und auf ihren Gegenstand bezogene Wahrnehmung, wie sie durch den inneren Sinn gestaltet wird, hat sich bereits weit entfernt von jener ursprünglichen αἴσθησις, der Empfindung, die im Erkenntnisprozesse nur die Stelle einer unerlässlichen Bedingung einnimmt: Die Wahrnehmung wird zur Vorstellung, zum Phantasiebild, aber die beiden sind nicht identisch;[1] was sie unterscheidet, ist die Gegenwart bezw. Abwesenheit des vorgestellten Gegenstandes. Eine Wahrnehmung ohne Gegenwart des betreffenden Gegenstandes ist unmöglich, wohl aber ist ein Phantasiebild auch dann noch möglich, nachdem die Einwirkung des Gegenstandes auf den Sinn längst aufgehört hat.[2] Aber Vorstellen ist auch nicht gleich Denken; die Phantasie ist nicht identisch mit dem νοῦς; denn das Denken des letzteren ist immer wahr, während die Phantasievorstellungen sowohl wahr als falsch sein können.[3] Die Vorstellung ist aber auch nicht eine Mischung von Meinung und Wahrnehmung, wie Plato[4] angenommen hatte;[5] sie ist vielmehr eine durch eine aktuelle Wahrnehmung entstandene Bewegung, eine Nachwirkung der Empfindung.[6] Die durch das Wahrnehmungsobjekt im Sinne hervorgerufene Bewegung dauert im Organ noch fort, wenn auch der äussere Reiz selbst aufhört. Gelangt nun diese Bewegung zum Centralorgan, so entsteht die Phantasievorstellung. Daraus ergiebt sich, dass das Vorstellungsbild dem Wahrnehmungsbild voll entspricht.[7] Wie das letztere, enthält auch das erste je nach den einzelnen Sinnen Farben, Töne u. s. w.[8] So kann Aristoteles die Vorstellung auch eine schwache Wahrnehmung bezw. Empfindung nennen.[9] Im wachen Zustande treten diese Phantasievorstellungen wegen der immer erneuten aktuellen Wahrnehmungen mehr in den Hintergrund; um so mehr aber machen sie sich während des Schlafes geltend, wo die Tätigkeit der äusseren Sinne ruht.[10]

---

[1] 1010, b, 3: ἡ φαντασία οὐ ταὐτὸν τῇ αἰσθήσει.
[2] 428, a, 7.
[3] 433, a, 26. 428, a, 16.
[4] Soph. 264 A. B. Vgl. Kampe 123.
[5] 428, a, 25.
[6] ἔστι δὲ φαντασία ἡ ὑπὸ τῆς κατ' ἐνέργειαν αἰσθήσεως γινομένη κίνησις. 459, a, 17.
[7] 450, a, 27.
[8] 459, b, 5.
[9] 1370, a, 28: ἡ δὲ φαντασία ἐστὶν αἴσθησίς τις ἀσθενής.
[10] Περὶ ἐνυπν. c. 3, 461, a u. b.

An Erkenntniswert steht die Vorstellung (φάντασμα, φαντασία) insofern über der Empfindung, als in ihr das subjektive Moment mehr hervortritt, was schon darin zum Ausdruck kommt, dass in ihrem Gebiet Wahrheit und Irrtum eine grosse Rolle spielen. Die Empfindung ist gewissermassen der blosse Ausdruck des Objekts im Wahrnehmungsvermögen des Subjekts, während die Vorstellung zwar die Empfindung voraussetzt, hernach aber von dem empfundenen bezw. wahrgenommenen Objekte unabhängig ist. Allerdings ist die ganze Phantasietätigkeit etwas, man möchte sagen, materialistisch aufgefasst; und teilweise mag es richtig sein, den Prozess im Sinn des Aristoteles einen „wesentlich stofflichen"[1]) zu nennen; denn auch den Tieren kommt Phantasie zu. Aber Aristoteles unterscheidet scharf zwischen einer φαντασία λογιστική und αἰσθητική und nur an der letzteren nehmen die Tiere teil[2]) und auch nur diese ist stofflich, während die λογιστικὴ φαντασία einen psychischen Prozess darstellt.[3]) Sie ist eine Funktion des Urwahrnehmungsvermögens, der wahrnehmenden Seele.

Indes, was nützte die einzelne Phantasievorstellung für die Erkenntnis, die doch ein Komplex von Bewusstseinstatsachen ist, wenn sie nicht wieder ins Bewusstsein zurückgerufen werden könnte, nachdem sie bereits entschwunden schien? Und was nützte sie für die Erkenntnis, wenn sie nicht auf einen Gegenstand als dessen adäquates Abbild bezogen würde, da es doch keine Erkenntnis giebt, die nicht Erkenntnis eines Gegenstandes wäre! — Das letztere geschieht durch die Erinnerung, die μνήμη, das erstere durch die Besinnung, die ἀνάμνησις.

Das Gedächtnis ist eine Fähigkeit desselben Vermögens wie die Phantasie, d. h. des πρῶτον αἰσθητήριον, des inneren Sinnes,[4]) und die Erinnerung besteht in einer Betätigung des Gedächtnisses, wodurch eine frühere Wahrnehmung bezw. Affektion (πάθος) wieder angeschaut wird,[5]) d. h. das augenblicklich gegenwärtige Phantasiebild wird als Wiederholung eines früheren

---

[1]) Kampe 120.
[2]) 433, b, 29: φαντασία δὲ πᾶσα ἢ λογιστικὴ ἢ αἰσθητική· ταύτης μὲν οὖν καὶ τὰ ἄλλα ζῷα μετέχει.
[3]) vgl. Zeller 547.
[4]) 450, a, 22.
[5]) 450, b, 17. a, 19.

Wahrnehmungsbildes erkannt und damit indirekt zugleich auf den betreffenden Wahrnehmungsgegenstand bezogen.[1]

Dieses Beziehen auf einen Gegenstand kommt zum Ausdruck in dem Zeitbewusstsein, das ein wesentliches Moment in der Erinnerung darstellt. Ohne das Bewusstsein verflossener Zeit ist eine Wiedererkennung unmöglich.[2] Nur wenn Bewusstsein des Gegenstandes und Bewusstsein der Zeit zusammentreffen, kommt Erinnerung zustande,[3] eine unbewusste Erinnerung giebt es demnach nicht.[4]

Gleichwohl scheint sich aber die Gedächtnistätigkeit im Sinne des Aristoteles auf die Wahrnehmungs- bezw. Phantasiebilder zu beschränken, während der Gedanke, das Produkt des νοῦς, davon ausgeschlossen bleibt. Phantasie und Gedächtnis entstammen einem und demselben Vermögen. Sowenig das letztere identisch ist mit dem νοῦς, ebensowenig auch der Gedanke und das Erinnerungsbild.

Aber dem scheint doch die Tatsache zu widersprechen, dass wir uns auch unserer Gedanken erinnern. Indes sind nach der Aristotelischen Lehre Denken und Vorstellen (φαντασία) zwar wesentlich von einander verschieden, aber der νοῦς ist insofern an die Phantasie gebunden, als er ohne Phantasievorstellung nicht denken kann. Ohne Vorstellung kein Gedanke.[5] So kann der Gedanke indirekt Gegenstand des Gedächtnisses werden; denn kehrt das gleiche Phantasiebild öfter wieder, so kann auch der νοῦς, wenn er seine Tätigkeit darauf richtet, immer wieder den gleichen Gedanken daraus erzeugen.

Neben der unwillkürlichen Erinnerung, die auch den Tieren zukommt, giebt es nun aber noch eine willkürliche Wiedererzeugung früherer Vorstellungen, die Besinnung (ἀνάμνησις), deren nur der mit Überlegung ausgestattete Mensch fähig ist;[6] denn wie die Überlegung, so ist auch das Sichbesinnen eine Art Schluss.[7] Wie im Schluss gewissermassen eine Bewegung von einem Glied

---

[1] Aristoteles bezeichnet die Erinnerung als φαντάσματος ὡς εἰκόνος οὗ φάντασμα ἕξις 451, a, 15.
[2] 449, b, 28.
[3] 452, b, 23: ὅταν οὖν ἅμα ἥ τε τοῦ πράγματος γίνηται κίνησις καὶ ἡ τοῦ χρόνου, τότε τῇ μνήμῃ ἐνεργεῖ vgl. 452, b, 28.
[4] 452, b, 26.
[5] 450, a, 12; 431, a, 17.
[6] 453, a, 9; 408, b, 24.
[7] συλλογισμός τις 453, a, 10.

zum andern stattfindet, so auch im Akte des Sichbesinnens. Diese Bewegung unterscheidet sich vor allem dadurch von derjenigen bei der Erinnerung, dass sie willkürlich ist.[1]) Darum nennt Aristoteles die Besinnung auch ein Suchen[2]) und er giebt gewisse Regeln hierfür an, Regeln der Ideenassoziation,[3]) durch welche das Auffinden der gesuchten Vorstellung erleichtert wird.[4])

Gemeinsam ist der Erinnerung und der Besinnung, dass bei beiden eine zeitlich abliegende Wahrnehmung als Phantasiebild wieder vor die Seele tritt. Während in einem Zeitmoment immer nur eine Wahrnehmung möglich ist, ist die wahrnehmende bezw. erkennende Seele durch die Erinnerung, bezw. Besinnung in den Stand gesetzt, eine ganze Anzahl von Wahrnehmungsbildern zu vergleichen, zu sondern, die Zusammengehörigen zusammenzufassen und auf einen Gegenstand zu beziehen. So geht aus der Erinnerung die Erfahrung hervor;[5]) denn viele in der Erinnerung festgehaltene Wahrnehmungsbilder von einem und demselben Gegenstand geben ein wenigstens relativ vollständiges Bild des betreffenden Objektes und mehr wird von der Erfahrung nicht verlangt: über die Feststellung der Tatsache, des „Dass" geht die Erfahrung nicht hinaus.[6])

So ist auch die Erfahrung (ἐμπειρία) zwar noch keine Erkenntnis im vollen Sinn, aber aus ihr wird Erkenntnis. Durch die Erinnerung ist eine Vielheit von Einzelvorstellungen gegeben; wird diese Vielheit zur Einheit zusammengeschmolzen, so ensteht die Erfahrung und aus ihr — oder vielleicht besser an ihr — gewinnt der νοῦς die obersten Prinzipien der Kunst und des Wissens, der Kunst, wenn der Zweck auf Produktion gerichtet ist, des Wissens, wenn er auf das Seiende und dessen Erkenntnis abzielt.[7])

Wie bei Kant das Mannigfaltige der Empfindung den Stoff für die Erkenntnis abgiebt, so bildet auch für Aristoteles die Vielheit der Wahrnehmungs- bezw. Phantasiebilder, obwohl sie ja

---

[1]) 451, b. 10 ff.

[2]) ζήτησίς τις 453, a, 12.

[3]) Ausgehen von der Gegenwart, Ähnlichkeit, Gegensatz, räumliche Nähe: 451, b, 18 ff.

[4]) vgl. Zeller 548 f., Kampe 132 ff.

[5]) 980, b, 28: γίγνεται δ'ἐκ τῆς μνήμης ἐμπειρία τοῖς ἀνθρώποις· αἱ γὰρ πολλαὶ μνῆμαι τοῦ αὐτοῦ πράγματος μιᾶς ἐμπειρίας δύναμιν ἀποτελοῦσιν.

[6]) 981, a, 28.

[7]) 100, a, 5 ff.

nicht den Stoff, sondern die sinnlichen Formen der Dinge abbilden, doch ihrerseits wieder eine Art Materie, in der die Form κατ' ἐξοχήν, der Begriff, noch eingehüllt ist und erst durch den νοῦς herausgehoben werden muss, um dann denkend erfasst, d. h. erkannt zu werden. Dies ist aber nur dadurch möglich, dass schon durch den ganzen vorbereitenden Prozess hindurch in Empfindung, Wahrnehmungsbild, Phantasievorstellung, in Erinnerung und endlich in der Erfahrung mehr und mehr das Allgemeine am Einzelnen hervortritt, bis es in der Tätigkeit des νοῦς zum begrifflichen Wissen erhoben wird.

Gegenstand der Erkenntnis kann nach Aristoteles nur das im Wechsel der Erscheinungen beharrende Sein werden; denn nur dieses kann für eine bleibende Erkenntnis bürgen, da diese dann ebenso wenig zu wechseln braucht wie das Objekt selbst. Das beharrende Sein in den Dingen kann aber nur in ihrem Wesen und zwar in ihrem begrifflichen Wesen gesucht werden. In der adäquaten Erfassung dieses innersten, dauernden Wesens der Dinge muss darum alles Streben nach Erfassung der Wirklichkeit mittelst des denkenden Geistes, d. h. alles Ringen nach Erkenntnis sein Ziel haben, in ihm muss es aber auch seine Ruhe finden. Wahrnehmung, Erinnerung, Erfahrung haben nur soviel Wert, als sie zur Erreichung dieses Zieles beitragen. Denn obwohl das bleibende Wesen der Dinge früher ist als ihre zufälligen Erscheinungsweisen, die Ursache früher als die Wirkung, das Allgemeine früher als das Besondere, so sind sie dies doch nicht für uns; denn was der Natur nach früher und bekannter ist, ist dies nicht ohne weiteres für uns; im Gegenteil: uns ist zunächst nur die Erscheinung gegeben und erst allmählich vermögen wir in das Wesen einzudringen. Von der Wirkung, die uns durch die sinnliche Wahrnehmung unmittelbar bekannt ist, führt uns erst ein Schluss rückwärts zur Ursache.

2. Kapitel.
Der methodische Weg zur Erkenntnis bei Aristoteles.

Dass nur das, was immer und überall gilt, das Ewige, Unveränderliche Gegenstand der Erkenntnis sein könne, diese Voraussetzung hat Aristoteles von seinem Lehrer Plato übernommen; die Art und Weise aber, wie Plato die Erkenntnis des Allgemeinen zustande kommen liess: durch Wiedererinnerung der in einem früheren Leben geschauten Ideen, war für das mehr auf die reale Wirklichkeit gerichtete Denken des Schülers unannehmbar. Das Allgemeine, Ewige hat nur Existenz in den Dingen, nicht jenseits der Dinge; denn das Wesen und das Wesentliche, die καθ'αὑτὸ συμβεβηκότα müssen doch in den Dingen selbst wirksam sein, deren wahrhaft Wirkliches sie sind. Waren für Plato die sinnlichen Dinge als die schwachen, unvollkommenen Abbilder der ewigen Ideen nur der Anlass gewesen, sich auf diese zu besinnen, so nehmen bei Aristoteles die sinnlichen Dinge nunmehr eine viel bedeutungsvollere Stellung für die Erkenntnis des Allgemeingültigen ein: sie sind nicht bloss Anlass zur Richtung des Denkens auf die Ideen, sie sind der Stoff, in dem das Allgemeine erst aufgesucht werden muss; denn nur im Einzelnen hat das Allgemeine Existenz.[1]) Dass dieses Allgemeine für das Denken erreichbar sei und erreichbar sein müsse, daran zweifelt Aristoteles nicht, und gerade dieser Glaube an die Macht des Gedankens, des Geistes ist es, der dem aristotelischen Forschen sein Gepräge giebt. Den Zielpunkt hat er fest im Auge, die Erkenntnis, das Einswerden des Geistes mit dem Ewigwirklichen und Ewigwirkenden in der Welt. Für ihn handelt es sich nur darum, einen sicheren Weg zu diesem Ziele zu finden, eine Methode, die unter möglichst geringer Gefahr des Irrtums durch das Zufällige und Einzelne zum Allgemeinen und Notwendigen hindurchführt. Das Notwendige und Allgemeine in den Dingen ist aber in letzter Linie doch immer wieder ihr Wesen, der schöpferische Begriff (τὸ τί ἦν εἶναι), der als die Ursache der Einzelerscheinungen einerseits die treibende Kraft im Naturgeschehen darstellt, andererseits, entsprechend der Parallelität zwischen Sein und Denken, den logischen Grund bildet, aus dem das Einzelne als Folge abgeleitet und erklärt werden kann. Die Methode wird also zuletzt darauf hinzielen, diesen Wesensbegriff sprachlich und gedanklich genau zu fixieren, ein System wissenschaftlich vollendeter Begriffe herzustellen, um dann durch gegenseitiges Aufeinanderbeziehen und Ins-Verhältnis-setzen dieser Begriffe, entsprechend dem realen Verknüpft- und Getrennt-sein der Dinge ein adäquates Abbild der Weltwirklichkeit im Denken zu erreichen, d. h. zu erkennen in des Wortes tiefster Bedeutung.

Die Wahrnehmung giebt uns wohl Kunde vom Einzelnen, aber sie giebt uns kein Wissen um dasselbe; sie sagt uns nur,

---

[1]) vgl. Maier, Syllog. II, 1, 417.

was für Empfindungen in diesem einzelnen Fall ein Gegenstand in uns geweckt hat; dass er auch zu anderer Zeit, dass er immer dasselbe Bild in uns hervorrufen, dass er also selbst konstant bleiben werde, darüber sagt sie uns zunächst nichts, ebensowenig, ob eine Eigenschaft, ein Merkmal eines einzelnen Dinges allen derselben Gattung angehörigen Individuen zukomme oder ob es ein ganz spezifisches Merkmal eben dieses einzelnen sei. Die Einsicht in die Allgemeingültigkeit und Notwendigkeit giebt nur die wissenschaftliche Deduktion, d. h. die Ableitung des Besonderen aus dem Allgemeinen. Gilt ein Satz ausnahmslos für eine ganze Gattung von Einzeldingen, dann gilt er notwendig auch von jedem hinzugehörigen Einzelding. Doch woher sollen nun diese allgemeinen Sätze, diese Prinzipien der Beweise stammen? — Die Wahrnehmung kann sie nicht geben und der Geist allein kann sie auch nicht in sich enthalten, denn dann würde er wissen, bevor er etwas gelernt hat. Von einem fertig in uns liegenden, angeborenen Wissen will aber Aristoteles nichts wissen; er bekämpft die angeborenen Ideen Platos. Andrerseits aber stellt er den Satz auf, dass alles Lernen von einer bereits vorhandenen Kenntnis anheben müsse[1] und dass die allgemeinsten Prinzipien, ohne die ein Erkennen überhaupt gar nicht denkbar ist, bereits bekannt sein müssen z. B. der Satz, dass bei allem entweder Bejahung oder Verneinung ist,[2] dass also nicht Bejahung und Verneinung eines und desselben zugleich wahr sein können. Daneben würde er es sonderbar, ja widersinnig finden, wenn wir das beste Wissen, nämlich das der Prinzipien schon in uns trügen, ohne uns dessen bewusst zu sein.[3] Dazu kommt, dass die Bedeutung, welche die erfahrungsmässige Erkenntnis im aristotelischen System einnimmt, gar nicht zu erklären wäre, wenn der Geist das ganze System des Wissens schon enthielte und es

---

[1] Anal. post. I, 1. 71, a, 1; πᾶσα διδασκαλία καὶ πᾶσα μάθησις διανοητικὴ ἐκ προϋπαρχούσης γίγνεται γνώσεως. Ähnlich 992, b, 30 und mit Beziehung auf Anal. post. I, 1 auch 1139, b, 26. Es scheint eher dem Sinn zu entsprechen, hier γνῶσις mit Kenntnis statt mit Wissen zu übersetzen; denn wie Anal. post. I, 1 zeigt, handelt es sich hier zunächst um die Kenntnis der sprachlichen Bezeichnung der einzelnen Gegenstände und deren Bedeutung, die allerdings bei jedem wissenschaftlichen (διανοητικὴ) Lehren und Lernen vorausgesetzt werden muss. Treffend bemerkt Themistios, Anal. post. paraphr. (V, 1, 2): οὐ γὰρ οἷόν τε παρὰ τοῦ διδάσκοντος πάντα λαβεῖν, ἀλλὰ δεῖ τι καὶ οἴκοθεν φέρειν εἰς τὴν μάθησιν συντελοῦν.

[2] 71, a, 12.

[3] 992, b, 33; 99, b, 26.

nur zu entwickeln brauchte. Etwas anderes ist es, wenn der Geist (der νοῦς) die Prinzipien der Beweisführung in gewissem Sinne enthält, sie aber ohne Wahrnehmung und Erfahrung weder zum Bewusstsein bringen noch überhaupt irgendwie anwenden kann.

Wissen, sagt Aristoteles, ist Innehaben der ἀπόδειξις, der wissenschaftlichen Ableitung des Besonderen aus dem Allgemeinen, ist Innehaben des Beweises;[1]) Beweis aber kann es nicht von allem geben;[2]) denn der Beweis muss immer von gewissen Prinzipien ausgehen, die nicht selbst wieder bewiesen werden können; Prinzip des Beweises kann nicht selbst wieder ein Beweis sein;[3]) der Beweis soll gewisse notwendige Erkenntnis vermitteln; um so sicherer und gewisser müssen aber die Prinzipien sein, von denen er seinen Anfang nimmt; denn auf der Gewissheit der Prinzipien beruht die Gewissheit des Beweises.[4]) Aristoteles nennt die Prinzipien, eben weil sie keinen Beweis mehr zulassen, unvermittelte, unmittelbare[5]) und teilt sie ein in gemeinsame und eigentümliche,[6]) eine Einteilung, die sich in mehr als einer Hinsicht mit derjenigen in absolute und relative deckt. Zu den ersteren, den Axiomen (ἀξιώματα),[7]) rechnet er den Satz des Widerspruchs,[8]) des ausgeschlossenen Dritten,[9]) wenngleich er sagt, dass der Satz des Widerspruchs — und mit ihm wohl auch der des ausgeschlossenen Dritten — nicht eigentlich Prinzipien der Beweisführung seien;[10]) sie stehen über dem Beweis; sie sind die Voraussetzung für jede auch noch so niedrige Stufe der Erkenntnis. Sie müssen also jedem

---

[1]) 1139, b, 31 ἡ ἐπιστήμη ἐστὶν ἕξις ἀποδεικτική.

[2]) 997, a, 7.

[3]) 1011, a, 13.

[4]) 64, b, 32. 100, a, 27.

[5]) ἀρχαὶ ἄμεσοι 99, b, 22; auch κοιναὶ ἀρχαί (88, a, 36), ἀρχαὶ συλλογιστικαί (72, a, 15), ἀποδεικτικαὶ ἀρχαί (996, b, 26), auch bloss τὰ κοινά (76, a, 38) genannt. Vgl. Maier Syllog. II, 1, 400, 1.

[6]) Im Anschluss an die beiden unbewiesenen Bestandteile eines jeden Beweises: ἐξ ὧν καὶ περὶ ὅ. 88, b, 26.

[7]) vgl. 75, a, 42.

[8]) 88, a, 37.

[9]) 1011, b, 23; 77, a, 31 stellt er den Satz: Gleiches von Gleichem abgezogen gibt Gleiches mit dem Satze des Widerspruchs zusammen und rechnet ihn auch zu den κοινά. Ob aber Aristoteles hier wirklich den genannten Satz mit dem des Widerspruchs auf eine Stufe stellen will, scheint doch durch das folgende ἢ τῶν τοιούτων ἄττα in Frage gestellt. Vgl. Maier Syllog. II. 1, 400, 1.

[10]) 77, a, 10.

gegenwärtig sein; es sind die Grundgesetze des Denkens, des Geistes überhaupt.

Nicht entfernt die gleiche Bedeutung haben die eigentümlichen Prinzipien.[1]) Aristoteles selbst führt als Beispiel Zahl und Grösse an.[2]) Sie sind die Sätze, deren eine jede Wissenschaft eine Anzahl voraussetzen muss — die zwar unbeweisbar sind,[3]) die aber keineswegs Voraussetzung für die Erreichung einer Erkenntnis überhaupt sein können. Sie haben nur für eine bestimmte Gattung von Dingen Gültigkeit, d. h. für eine Wissenschaft. Innerhalb dieser Wissenschaft heisst aber alles eigentümliches Prinzip, was als unbeweisbar hingenommen werden muss,[4]) vor allem also die Definition der jeweiligen obersten Gattung selbst.[5]) Gegenwärtig brauchen diese Prinzipien keineswegs jedem Einzelnen zu sein; nur wer sich die betreffende Wissenschaft aneignen will, der muss um diese unbeweisbaren Prämissen wissen.

Woher kommt uns nun aber die Kenntnis dieser Prinzipien, die gewisser sein soll, als alles bewiesene Wissen? Von den eigentümlichen Sätzen sagt Aristoteles klar, dass sie aus der Erfahrung stammen.[6]) Dasselbe ist vorausgesetzt, wenn er erklärt, dass, wo ein Sinn fehle, eine Wissenschaft fehlen müsse.[7]) Aber auch von den allgemeinen Prinzipien gilt, dass es widersinnig wäre, ein Wissen zu besitzen, ohne sich dessen bewusst zu sein.[8]) Auch sie müssen also, wenigstens in gewissem Sinne, aus der Wahrnehmung bezw. Erfahrung stammen. Die Seele trägt eine Anlage zum Wissen in sich; sie ist ihr angeboren; aber erst infolge der durch die Sinne vermittelten Einwirkung der Aussenwelt auf die Seele entwickelt sich jene Anlage mehr und mehr zum aktuellen Wissen. Das Geheimnis liegt darin, dass dem νοῦς bereits in der Wahrnehmung ein Erkenntnisvermögen vorarbeitet, das in seiner Betätigung der des νοῦς sehr nahe kommt, nämlich das Unter-

---

[1]) ἀρχαὶ οἰκεῖαι (71, b, 23), αἱ ἑκάστου ἀρχαί (75, b, 38), αἱ περὶ ἕκαστον ἀρχαί (53, a, 3).

[2]) 88, b, 28; vgl. 76, a, 35.

[3]) 76, a, 16.

[4]) 76, a, 31.

[5]) 108, b, 22.

[6]) 46, a, 17: τὰς μὲν ἀρχὰς τὰς περὶ ἕκαστον ἐμπειρίας ἐστὶ παραδοῦναι. Vgl. a, 20 ff.

[7]) 81, a, 38.

[8]) 99, b, 22 ff.

scheidungsvermögen.¹) Durch die Vergleichung und Sonderung kommt Einheit in die Vielheit. Statt dass Wahrnehmung auf Warnehmung folgt und verschwindet, bleiben sie nun in der Seele haften, wie wenn bei einer in die Flucht gewandten Schlachtreihe zuerst einer stille steht, dann aber auch die andern seinem Beispiel folgen, bis die Linie wiederhergestellt ist.²) Indem das Gemeinsame der verschiedenen Wahrnehmungen zur Ruhe kommt, entsteht in der Seele das Allgemeine.

Obgleich die Wahrnehmung zunächst auf das Einzelne geht, kommt doch in ihr und durch sie das Allgemeine zum Bewusstsein. Aus diesem relativ Allgemeinen entsteht das höhere Allgemeine, „bis das Unteilbare und das (absolut) Allgemeine steht",³) d. h. bis die obersten Gattungen erreicht sind. So werden also die ersten Prinzipien durch Epagoge, durch Induktion gewonnen.⁴)

Diese aber ist nichts anderes als die bewusste, mit methodischer Vorsicht durchgeführte Nachbildung des natürlichen Erkenntnisprozesses, wie er sich in dem Fortgang von der Empfindung und Wahrnehmung zur Erinnerung, von dieser zur Erfahrung darstellt. J. St. Mill⁵) definiert sie als „das Verfahren, durch welches man allgemeine Urteile (Sätze) entdeckt und beweist". Die Induktion steigt vom Einzelnen, sinnlich Gegebenen zum Allgemeinen auf,⁶) aber sie ist auch der einzige Weg, auf dem das letztere erreicht werden kann,⁷) so dass alles, wenigstens alles aktuelle Wissen auf Induktion und damit zuletzt auf Wahrnehmung beruht.⁸)

Sie kann vielleicht im Sinne des Aristoteles geradezu mit der Erfahrung, der ἐμπειρία im engeren Sinn identifiziert werden, mit der ἐμπειρία, welche die Vielheit der Erinnerungsbilder zur Einheit zusammenfasst, aus der sich dann das Allgemeine abhebt, so dass

---

¹) κριτικόν, δύναμις κριτική 99, b, 35.
²) 100, a, 10.
³) 100, b, 2.
⁴) 100, b, 3: δῆλον δὴ ὅτι ἡμῖν τὰ πρῶτα ἐπαγωγῇ γνωρίζειν ἀναγκαῖον.
⁵) System der deduktiven und induktiven Logik, deutsch von Schiel I, 334.
⁶) 105, a, 13.
⁷) 81, b, 2: ἀδύνατον δὲ τὰ καθόλου θεωρῆσαι μὴ δι' ἐπαγωγῆς.
⁸) Anal. post. I, 18; 81, a, 38 ff. Der 1098, b, 3: τῶν ἀρχῶν δ' αἱ μὲν ἐπαγωγῇ θεωροῦνται, αἱ δ' αἰσθήσει scheinbar aufgestellte Gegensatz zwischen ἐπαγωγή und αἴσθησις spricht nicht dagegen, dass die ἐπαγωγή stets mit der Wahrnehmung beginnt.

aus ihr Wissenschaft und Kunst ihr Prinzip entnehmen.[1]) Sie tritt so in einen gewissen Gegensatz zum Beweis, indem sie den entgegengesetzten Weg einschlägt, ist aber andrerseits Voraussetzung für den Beweis; denn ohne Induktion keine Prinzipien, ohne Prinzipien kein Beweis.[2])

Die aristotelische Induktion schliesst sich an die von Sokrates geübte, von Plato weiter ausgebildete dialektische Methode an, durch die wir, wie Aristoteles sie definiert, instand gesetzt werden, über jedes vorliegende Problem aus Bekanntem einen Schluss zu ziehen.[3])

Nennt Kant die Dialektik eine „Logik des Scheines",[4]) ist sie ihm nur das Feld der Illusion und der Trugschlüsse, so hat sie für Aristoteles noch eine wesentlich andere Bedeutung: sie dient nicht nur zur Übung, ist auch nicht blosse Disputierkunst, ihr Zweck ist auf die Erlangung philosophischen Wissens und auf die Erreichung der ersten Prinzipien der einzelnen Wissenschaft gerichtet.[5]) So kann es nicht auffallen, wenn die aristotelische Induktion, die im Dienst der wissenschaftlichen Forschung steht, in der Sphäre der Dialektik bleibt,[6]) obgleich Aristoteles eine eigentlich dialektische Epagoge von ihr unterscheidet, bei der Kants Kritik nicht ganz unberechtigt ist.

Bedeutung für die Erkenntnis hat naturgemäss nur jene wissenschaftliche Induktion, die das Allgemeine in den Einzelerscheinungen sucht und die vor allem die unbeweisbaren Prämissen der Beweise aufzeigt. Darin liegt auch ihr eigentlicher Zweck. Geht die moderne, naturwissenschaftliche Induktion auf Fixierung von Kausalgesetzen aus, so erreicht dies die aristotelische Epagoge zwar auch bis zu einem gewissen Grade, aber mehr unbewusst und ungewollt, als beabsichtigt;[7]) denn die Prinzipien der Beweise, die ἀρχαὶ ἄμεσοι, sind zwar zunächst nur Sätze, aus denen mit logischer Notwendigkeit andere abgeleitet

---

[1]) 100, a, 5 ff.; vgl. Prantl, Logik I, 110.

[2]) 100, b, 3; 81, a, 40 ff.

[3]) ... μέθοδος, ἀφ᾽ ἧς δυνησόμεθα συλλογίζεσθαι περὶ παντὸς τοῦ προτεθέντος προβλήματος ἐξ ἐνδόξων. Top. I, 1, 100, a, 18; b, 21 bestimmt er sodann die ἔνδοξα als τὰ δοκοῦντα πᾶσιν ἢ τοῖς πλείστοις ἢ τοῖς σοφοῖς vgl. 1078, b, 27.

[4]) Kr. 260.

[5]) 101, a, 26, 36.

[6]) Top. I, 12. 105, a, 10 ff.; vgl. Maier, Syllog. II, 429.

[7]) vgl. Maier II, 1, 423.

werden, aber so wenig es überhaupt für Aristoteles ein wertvolles Denken geben kann, ohne dass es Abbild eines realen Vorganges ist, so wenig sind auch jene ἀρχαί ἄμεσοι blosse Sätze; sie sind der Ausdruck für die in der Natur wirkenden Ursachen, die das reale Einzelne ebenso aus sich hervortreiben, wie im logischen Prozess durch den Beweis das Einzelne aus den allgemeinen Prämissen erwiesen, gewissermassen aus ihnen hervorgetrieben wird. Die Einheit des Systems, das Hineinragen der Natur in den Geist, offenbart sich hier wiederum. Das Allgemeine ist immer auch das Notwendige, dieses aber hat seinen Halt am schöpferischen Begriff, der sowohl das Prinzip der Notwendigkeit im Geschehen, wie das der Notwendigkeit im Denken ist.

Und doch geht auch in der Induktion das Allgemeine bezw. Gemeinsame mit einer gewissen Notwendigkeit aus dem Einzelnen hervor. Unwillkürlich wird aus der Vielheit die Einheit. Es ist auch ein gewisses Schliessen und Aristoteles nennt auch die Induktion einen Schluss und redet von einem „Schluss aus Induktion"; [1] ja sogar von einem Beweis aus dem für uns Früheren. [2] Aber eben, weil als Prinzip nur das für uns Frühere fungiert statt des absolut Früheren, ist es auch kein wirklicher Beweis — und es ist auch kein wirklicher Schluss; denn durch die Induktion soll ja der Obersatz eines Schlusses erst gewonnen werden; [3] denn erster Zweck der aristotelischen Induktion ist der Nachweis der Prinzipien.

Doch um diesen Zweck ganz zu erreichen, müsste das Induktionsmaterial vollständig beigeschafft werden können, z. B. sämtliche, unter eine Gattung fallende Arten, damit die allgemeine Bestimmung der Gattung mit Sicherheit gegeben werden könnte. Aber es ist immer nur eine relative Vollständigkeit erreichbar, ob nun die Einzelinstanzen in Einzelerscheinungen oder in speziellen Begriffen bestehen.

Als Ideal schwebt Aristoteles eine vollständige Induktion vor, [4] aber er weiss auch, dass sie nicht, zum mindesten nicht

---

[1] 68, b, 15.
[2] 72, b, 31: ἀπόδειξις γινομένη ἐκ τῶν ἡμῖν γνωριμωτέρων.
[3] vgl. Zeller 231, 4; Maier, Syllog. II, 1, 434 weist darauf hin, dass „in der zweiten Analytik, wo die spezifisch wissenschaftliche Induktion beschrieben wird, nirgends auf den epagogischen Syllogismus angespielt werde".
[4] 46, a, 20 ff. vgl. 491, a, 11.

immer, erreichbar ist — und er hält Vollständigkeit nicht für absolut notwendig zur Erreichung des unmittelbaren Zweckes der Induktion, abgesehen davon, dass seine experimentelle Forschung, mit der modernen verglichen, notwendig mangelhaft und unvollkommen sein musste.

Bis zu einem gewissen Grade offenbart sich indes ein kritischer Geist doch in den Aporien, die er in das induktive Verfahren hineinverflicht. Die Schwierigkeiten, die sich ergeben könnten, werden aufgesucht, und darnach gefragt, ob nicht das Gegenteil der aufgestellten These mit ebenso gewichtigen Gründen gestützt werden könne.[1]

Den Mangel freilich, den die Unvollständigkeit des Materials für die Induktion im Gefolge hat, vermag auch diese Aufstellung von Aporien nicht zu heben. Die schwierigste Frage, die sich jederzeit, wenn auch lange unbewusst und unausgesprochen an das induktive Verfahren knüpfte und auch in Zukunft knüpfen wird, blieb bestehen, die Frage, worauf es beruhe, dass wir von einer verhältnismässig kleinen Anzahl von Einzelfällen auf die Allgemeinheit schliessen, und dass wir den so gewonnenen Sätzen Allgemeingültigkeit und Notwendigkeit beilegen, oder in aristotelischer Sprache ausgedrückt: wie die durch Induktion gegebenen Sätze bekannter und gewisser sein können als alles andere Wissen, obgleich die Induktion auf der Wahrnehmung fusst, diese aber von sich aus keine Erkenntnis, geschweige denn das höchste Wissen geben kann.

Ausdrücklich aufgeworfen hat Aristoteles diese Frage nicht, wohl aber eine Lösung gegeben. Das Recht der Verallgemeinerung einzelner Fälle zum allgemein gültigen Gesetz gründet sich auf die in der Induktion wirksame Kraft des νοῦς. Im letzten Kapitel des 2. Buches der Analytica post. stellt Aristoteles Epagoge und Nus so unmittelbar neben einander, schreibt scheinbar sowohl jener als diesem so ausschliesslich die die ersten Prinzipien erzeugende Tat zu, dass entweder ein schroffer Widerspruch in jener Stelle besteht oder aber die engste Verknüpfung von Induktion und Nus angenommen werden muss. Das letztere ist der Fall. Die Induktion ist das Mittel, der Nus die wirkende Kraft in der Herausarbeitung des Allgemeinen aus dem Einzelnen. Wir erlangen, wie sich Aristoteles ausdrückt, das Wissen nicht durch das Sehen, sondern

---

[1] 145, b, 16: ὁμοίως δὲ καὶ τῆς ἀπορίας δόξειεν ἂν ποιητικὸν εἶναι ἡ τῶν ἐναντίων ἰσότης λογισμῶν. Eine gewisse Ähnlichkeit der aristotelischen Aporien und der kantischen Antinomien ist hier nicht zu verkennen.

aus dem Sehen;¹) denn das Sehen, das Wahrnehmen gibt uns die einzelne Tatsache, die dann vom Denken zum allgemeinen Gesetz erhoben wird.²) So kann der νοῦς als Prinzip der Prinzipien und damit als Prinzip des Wissens überhaupt bezeichnet werden.³)

Seine Tätigkeit kann darum nicht wieder ein Schliessen sein, durch das alles Wissen mit Ausnahme desjenigen der Prinzipien zustande kommt;⁴) es muss ein unmittelbares Ergreifen, ein Schauen sein. Aristoteles spricht sogar von einem Berühren (θιγγάνειν) des νοῦς mit den νοητά, mit dem Erkennbaren in den Dingen, bezw. in den Wahrnehmungen,⁵) und in diesem Berühren wird der erkennende νοῦς eins mit dem Erkennbaren, mit dem Allgemeinen im Einzelnen. Dementsprechend kann es im Gebiete der unmittelbaren Denktätigkeit des νοῦς nur ein Wissen oder ein Nicht-wissen, ein Berühren oder Nicht-berühren, nicht aber ein irrtümliches Berühren geben. Falschheit und Irrtum haben hier keinen Raum: der νοῦς, die Intuition ist immer wahr.⁶) Er ist der Möglichkeit nach das, was die begrifflichen Formen, die εἴδη, νοητά, der Wirklichkeit nach sind⁷) und indem er von diesen eine Einwirkung erleidet,⁸) wird er der Wirklichkeit nach mit ihnen identisch.

Wie sich der Sinn zum Wahrnehmbaren, so verhält sich das Denken, der νοῦς, zum Denkbaren.⁹) Und wie bei der Wahrnehmung nur im uneigentlichen Sinne von einem Leiden des Wahrnehmenden gesprochen werden konnte, so noch weniger hier in der Sphäre des νοῦς. Es ist nicht eine Veränderung, die auf Vernichtung, sondern eine solche, die auf Vollendung hinzielt;¹⁰) ein Aufnehmen der Formen seitens des νοῦς; er ist die Form der (begrifflichen) Formen (εἶδος εἰδῶν), wie die Wahrnehmung die Form der wahr-

---

¹) 88, a, 13 . . . οὐχ ὡς εἰδότες τῷ ὁρᾶν, ἀλλ' ὡς ἔχοντες τὸ καθόλου ἐκ τοῦ ὁρᾶν.

²) 88, b, 16: τῷ ὁρᾶν μὲν χωρίς ἐφ' ἑκάστης, νοῆσαι δ' ἅμα ὅτι ἐπὶ πασῶν οὕτως.

³) 100, b, 14: νοῦς ἂν εἴη ἐπιστήμης ἀρχή· καὶ ἡ μὲν (der νοῦς) ἀρχὴ τῆς ἀρχῆς ἂν εἴη.

⁴) 100, b, 10: ἐπιστήμη ἅπασα μετὰ λόγου ἐστί, τῶν ἀρχῶν ἐπιστήμη οὐκ ἂν εἴη.

⁵) 1072, b, 21.

⁶) 100, b, 7.

⁷) 429, b, 30.

⁸) 1072, a, 30.

⁹) 429, b, 16.

¹⁰) vgl. 429, b, 22 ff.

nehmbaren (sinnlichen) Formen,[1] da er sie der Möglichkeit nach in sich trägt. Er ist einem Buch vergleichbar, das in Wirklichkeit noch nichts in sich geschrieben enthält,[2] d. h. wie ein solches Buch eigentlich erst der Möglichkeit nach ein Buch ist, so wird auch der νοῦς erst im Denkakte das, was er zuvor nur der Möglichkeit nach war, er wird identisch mit seinem Gegenstande und erkennt; im Erkennen aber besteht sein höchstes Ziel und seine Vollendung.

Im Erkenntnisakt sind das Erkennende und das Erkannte identisch,[3] ebenso das Wissen und das Gewusste. Objektives und subjektives Moment fallen zusammen; der im Denkakt erzeugte Begriff und der in der Natur wirksame, schöpferische Wesensbegriff decken sich. Infolge dieser Identität von Denkendem und Gedachtem ist der νοῦς, wenn er seine Objekte denkt, zugleich auf sich selbst gerichtet; er wird selbst Gegenstand der Erkenntnis.[4]

Damit erklärt sich auch, dass es nach Aristoteles keine Gewissheit giebt, welche diejenige des νοῦς noch übertreffen könnte; zugleich aber ist darin enthalten, dass die Gesetze der Natur mit den Gesetzen unseres Geistes übereinstimmen müssen. Das νοητόν, das Erkennbare an den Dingen, das Notwendige, Allgemeine, Ewige regt unseren Geist nur an, sich zu dem zu entfalten, worauf er von Natur angelegt ist. Er trägt also die Ursachen der Dinge und alles Geschehens bereits potentiell in sich. Darum ist auch beim induktiven Verfahren nicht absolute Vollständigkeit notwendig; aus wenigen Einzeldingen vermag der νοῦς das Allgemeine, das, was für die ganze Gattung gilt, zu erkennen, da er ja seiner ganzen Natur nach auf das Notwendige und Allgemeine angelegt ist. Das Denken, der νοῦς, ist es, der das, was sich am einzelnen Fall empirisch als Faktum erwiesen hat, verallgemeinert.[5] Das Recht dazu giebt ihm die Übereinstimmung bezw. Parallelität von Denken und Sein. Was er als das notwendige Wesen bezw. die notwendigen Merkmale mehrerer Dinge erfasst hat, das muss von der ganzen Gattung der betreffenden realen Dinge gelten; denn nur weil die betreffenden

---

[1] 432, a, 2.
[2] 429, b, 31.
[3] 430, a, 3.
[4] 429, b, 9.
[5] 88, a, 14 ff.

Merkmale in Wirklichkeit notwendige und wesentliche sind, erfasst er sie, nicht etwa macht er sie erst zu notwendigen Bestimmungen. Was aber seinem Wesen und seinen notwendigen Accidentien nach zusammengehört, bildet eine Gattung. Also können durch das Denken auf Grund der intuitiven Tat des νοῦς allgemeine Sätze aufgestellt werden, die für alle unter die betreffenden Gattungen fallenden Arten und Einzeldinge unbedingte Geltung haben und darum als Prämissen im Beweisverfahren dienen können.

Die Bedeutung der Induktion scheint hierdurch allerdings wieder um ein Beträchtliches geschmälert zu werden. Aber tatsächlich erhält ja die Induktion ihren wissenschaftlichen Wert und ihre methodische Vollendung erst durch die Tätigkeit des νοῦς; denn er giebt dem durch Wahrnehmung und Erfahrung gewonnenen Allgemeinen erst die begriffliche Allgemeinheit. Und bei aller Erhebung des νοῦς und seiner die Wahrheit erfassenden Denktätigkeit behalten doch Wahrnehmung und Erfahrung ihre Bedeutung im Erkenntnisprozess. Denn für die Erkenntnis der Weltwirklichkeit ist der νοῦς völlig auf die Wahrnehmung angewiesen, so sehr, dass, wo ein Sinn fehlt, ein ganzes Gebiet der Wissenschaft fehlen muss;[1] ja Aristoteles sagt, dass ohne Phantasievorstellung, die aber gänzlich auf Wahrnehmung beruht, überhaupt kein Denken möglich sei.[2]

Ohne Wahrnehmung bezw. Phantasievorstellung und Erinnerung hat somit der νοῦς keinerlei Richtung mehr auf die Aussenwelt;[3] in der Erfassung des Wesens der Dinge beruht aber sein Wert. Wo indes seine Tätigkeit einsetzt, ist wohl nicht bestimmt zu sagen: als Einheit schaffende Kraft scheint er den ganzen Abstraktionsprozess zu begleiten,[4] sobald im Wahrnehmungs- bezw. Phantasiebild ein relativ Allgemeines gegeben ist. Wie die Wahrnehmung wohl auf das Einzelne geht, aber dieses nicht als ein Einzelnes, sondern bereits als ein Allgemeines, als ein τοιόνδε, ergreift, so geht auch das Denken, der νοῦς wohl auf die Wahrnehmung, aber er erfasst nur das ihm Wesensgleiche in ihr, die νοητά, abstrahiert von dem Unwesentlichen, Zufälligen,

---

[1] 81, a, 38.
[2] 449, b, 31: καὶ νοεῖν οὐκ ἔστιν ἄνευ φαντάσματος vgl. 431, a, 16.
[3] 445, b, 16.
[4] 430, b, 5: τὸ δὲ ἓν ποιοῦν, τοῦτο ὁ νοῦς ἕκαστον vgl. Themist. Anal. post. B, 19 (V, 1, 64).

Einzelnen. Was die Wahrnehmungsgegenstände für den Sinn, das sind für ihn die φαντάσματα,¹) in ihnen erkennt er die Ideen, die Formen der Dinge.²)

So scheint in der Erkenntnis der Prinzipien sowohl die Bedeutung des νοῦς, als die der niederen Seelenvermögen und damit der Induktion gewahrt. Die Vollendung muss der νοῦς geben; denn nur er kann den Prinzipien die Sicherheit und Gewissheit verleihen, deren sie unbedingt bedürfen. Auf der anderen Seite aber wird ohne Wahrnehmung kein Prinzip gewonnen; auch die mathematischen Sätze müssen induktiv ermittelt werden,³) wenn auch der Weg kein so mühsamer und langwieriger ist, wie bei der Erforschung der naturwissenschaftlichen Prämissen. Vielleicht liegt der Grund dieser schnelleren Erfassung der mathematischen Sätze darin, dass die Objekte der Mathematik (Ausdehnung, Bewegung . . .) von Anfang an nicht diesen Charakter des Sinnlicheinzelnen an sich tragen, wie die Objekte der Naturwissenschaften, da sie nicht, wie diese, je von einem einzelnen Sinn erfasst werden, sondern allen Sinnen gemeinsam sind und als Objekte des Gemeinsinnes alsbald einen allgemeineren Charakter haben. Der Mathematiker abstrahiert von allen sinnlichen Qualitäten, löst damit seine Objekte von den Dingen los, an denen sie sich finden, und betrachtet sie ohne jede Beziehung auf diese Dinge ganz für sich, wenngleich auch sie nur an den Dingen existieren.⁴)

Der überragende der beiden in der Erkenntnis der Prinzipien tätigen Faktoren ist freilich der νοῦς; er ist das treibende Moment im ganzen aufsteigenden Prozess; er ist es, der die Allgemeingültigkeit und Notwendigkeit giebt und garantiert, während uns die Erfahrung nur das „Dass", die Tatsache offenbart, und auch die vollständigste Induktion ohne die Zutat des νοῦς darüber nicht hinauskäme, dieses „Dass" zu konstatieren.

Hat darum auch Aristoteles die Frage nach dem Grund der Verallgemeinerung der induktiv gewonnenen Sätze nicht klar aufgeworfen — eine Lösung liegt in der synthetischen Kraft, die

---

¹) 431, a, 14; vgl Brentano, Psych. 146.
²) 431, b, 2: τὰ μὲν οὖν εἴδη τὸ νοητικὸν ἐν τοῖς φαντάσμασι νοεῖ.
³) 81, b, 3: καὶ τὰ ἐξ ἀφαιρέσεως λεγόμενα ἔσται δι' ἐπαγωγῆς γνώριμα ποιεῖν. Unter den ἐξ ἀφαιρέσεως (Abstraktion) λεγόμενα versteht Aristoteles die μαθηματικά (299, a, 16). Vgl. Ind. Arist. 126, 6, 16; Maier, Syllog. II, 1, 407; Brandes, Handbuch II, b, 1, 245.
⁴) 1061, a, 28. Vgl. Baeumker, Probl. 291. Brentano, Psych. 149 f.

Aristoteles dem νοῦς zuschreibt. Der tiefste Grund muss in der Wesensgleichheit des νοῦς und der in den Naturdingen wirkenden Kräfte, der νοητά, der εἴδη, beruhen. Dass eine besondere Macht neben der Wahrnehmung und Erfahrung notwendig sei, um das an einigen Einzeldingen gewonnene Resultat auf alle auszudehnen, hat Aristoteles klar ausgesprochen und er hat im Denken (νοῆσαι) diese Macht gesehen.[1]

Sind nun die allgemeinen Prinzipien für die Deduktion durch die Induktion gewonnen, dann kann das eigentlich wissenschaftliche Verfahren, der Beweis, seinen Anfang nehmen. War die Epagoge der Aufstieg vom Einzelnen und Besonderen zum Allgemeinen, so ist die Apodeixis gewissermassen der Abstieg vom Allgemeinen zum Einzelnen. Das Einzelne wird aus dem Allgemeinen abgeleitet, d. h. es wird bewiesen. Wie das Allgemeine als das an sich Frühere und als die Ursache des Naturlaufes das an sich Spätere, für uns (πρὸς ἡμᾶς) aber Frühere, aus sich hervortreibt, so sollen wir diesen Prozess im Denken wiederholen. Durch Einsicht in die Ursachen der Dinge soll die Apodeixis das „Dass" als ein notwendiges erweisen, die Vermittelungen aufzeigen, die zwischen dem Einzelnen und seiner letzten Ursache, deren Wirkung es ist, liegen, d. h. der Beweis soll Wissen erzeugen; Wissen aber, sagt Aristoteles, glauben wir dann von etwas zu haben, wenn wir die Ursache zu kennen glauben, durch welche das Ding ist.[2]

Die Denkfunktion aber, durch welche die Vermittelungen, die Mittelglieder, aufgezeigt werden, ist der Schluss (συλλογισμός). Jeder Beweis bewegt sich darum in Form eines Schlusses; aber nicht jeder Schluss ist ein Beweis; denn dieser ist ein Schluss aus notwendigen Vordersätzen.[3]

Der Schluss ist nach Aristoteles „eine Denkfunktion, in welcher, wenn einiges gesetzt ist, etwas Weiteres, von dem Gesetzten Verschiedenes, eben vermöge des Gesetzten sich mit Notwendigkeit ergiebt".[4] Der Entwickelungsprozess, der Fortschritt vom Bekannten zum Unbekannten erfolgt vermittelst dreier

---

[1] Anal. post. I, 31.
[2] 71, b, 9.
[3] 25, b, 30; 41, b, 36; 73, a, 24.
[4] 24, b, 18: συλλογισμὸς δέ ἐστι λόγος, ἐν ᾧ τεθέντων τινῶν ἕτερόν τι τῶν κειμένων ἐξ ἀνάγκης συμβαίνει τῷ ταῦτα εἶναι bezw. διὰ τῶν κειμένων (100, a, 25) vgl. Zeller 226; Maier, Syllog. II, 1, 11.

Begriffe (ὅροι), die zu einander ins Verhältnis gesetzt werden, und zwar so, dass aus der Verbindung des ersten mit dem zweiten, und des zweiten mit dem dritten notwendig die Verbindung des ersten mit dem dritten sich ergiebt. Mit weniger als drei Begriffen ist gar kein Schluss möglich; und wenn mehr als drei in einem Schluss vorkommen, so muss sich aus je drei derselben der gleiche Schlusssatz ergeben.[1]) Der Fortgang beruht auf der „Macht des Allgemeinen über das Besondere";[2]) denn der Obersatz, d. h. die Verbindung des Oberbegriffs mit dem Mittelbegriff muss immer allgemein lauten. Der Unterbegriff muss in der ursprünglichen und ersten Schlussfigur im ganzen Umfang des Mittelbegriffs, dieser im ganzen Umfang des Oberbegriffs liegen bezw. nicht liegen, wenn sich für die beiden äusseren Begriffe ein vollständiger Schluss ergeben soll. Mittelbegriff (μέσος) heisst derjenige, welcher sowohl selbst in einem andern enthalten ist, als auch einen anderen in sich enthält, und der auch beim Ansatze der mittlere wird.[3]) Äussere Begriffe aber nennt Aristoteles sowohl das, „was in einem andern enthalten ist, als auch das, was Anderes in sich enthält".[4]) Die bewegende Kraft, welche die Vermittelung der beiden äusseren Begriffe zustande bringt, enthält der Mittelbegriff.[5])

Infolge dieser Stellung des Mittelbegriffes ist auch ein wirkliches Erkennen, d. h. ein Fortschritt der Erkenntnis im Schluss möglich, nicht bloss eine Erläuterung, eine Analyse des im Obersatz ausgesprochenen Allgemeinen. Aristoteles vergleicht

---

[1]) Anal. pr. I, 25.
[2]) Maier II, 2, 172.
[3]) 25, b, 35.
[4]) 25, b, 36.
[5]) Je nach der Beziehung des Mittelbegriffs zu den beiden andern, d. h. je nachdem der Mittelbegriff seinem Umfang nach zwischen oder über oder unter den äusseren Begriffen steht, unterscheidet Aristoteles drei Schlussfiguren. Entweder sagt A, wie sich Aristoteles ausdrückt, etwas von $Γ$ und $Γ$ etwas von B oder $Γ$ sagt etwas von diesen beiden oder diese beiden etwas von $Γ$ aus: Anal. pr. I, 23. 41, a, 14. Die Prämissen sind Urteile und da das Umfangsverhältnis auch die Stellung des Begriffes im Urteil bestimmt, so ist „die Subjekts- oder Prädikatsstellung des Mittelbegriffs der Erkenntnisgrund für die Bestimmung der Figur". Maier, Syllog. II, 1; 69. Vgl. Zeller 227; Ind. Arist. 712, a, 35 ff. Indes erhalten die zweite und dritte Figur ihre Kraft erst durch ihre Beziehung bezw. Zurückführung auf die erste Figur. Nur diese bietet die vollendete Schlussform: Anal. pr. I, 23, 40, b, 17.

die Prämissen mit dem Stoff (ὑποκείμενον), die Synthese mit der Tätigkeit des schöpferischen Wesensbegriffes (τὸ τί ἦν εἶναι).[1]) Wie das durch Zusammenwirken von Form und Stoff entstandene Einzelding diesen beiden Faktoren gegenüber etwas Neues ist, so auch die im Schlusssatz ausgesprochene Erkenntnis; aber sie bleibt ein Erzeugnis der Prämissen und insofern ist sie potentiell schon zuvor in diesen enthalten.[2])

Die Form des Aristotelischen Schlusses ist der später sogenannte kategorische Schluss; für einen anderen ist in seinem System kein Raum;[3]) dagegen unterscheidet er, ähnlich wie beim Urteil, Syllogismen des tatsächlichen, notwendigen und möglichen Zukommens.[4]) Für die Apodeixis, den wissenschaftlichen Schluss, kommt nur der συλλογισμὸς ἐξ ἀναγκαίων[5]) in Betracht.

Als „allgemeines Prinzip aller Vernunftschlüsse" bezeichnet Kant die Formel: „Was unter der Bedingung einer Regel steht, das steht auch unter der Regel selbst."[6]) Oder „Merkmal des Merkmals ist Merkmal der Sache selbst (nota notae est nota rei)". Anders Aristoteles: sein Prinzip des Syllogismus beruht auf „dem Verhältnis des Ganzen zum Teil".[7]) Als dieses Ganze bezw. Allgemeine scheint schliesslich der Oberbegriff, als der Teil (μέρος) der Unterbegriff gelten zu müssen.[8])

Wie in dem realen Werde- und Entwickelungsprozess die Gattung das Ganze, die Art den Teil darstellt, und als Formprinzip die spezifischen Unterschiede fungieren, so scheint im Syllogismus ein ähnliches Verhältnis zu bestehen; der Mittelbegriff ist einerseits im Oberbegriff enthalten und enthält andererseits den Unterbegriff in sich. So ist er als ein beiden gemeinsames Moment geeignet, die Vermittelung zwischen den beiden äusseren Begriffen herzustellen, und zwar dadurch, dass er den im Unterbegriff dargelegten Einzelfall unter die im Obersatz ausgesprochene, allgemeine Regel subsumiert und damit die allgemeine Regel auf den (ganzen) Unterbegriff ausdehnt, was im Schlusssatz geschieht. Der Untersatz hat hierbei die Aufgabe, den Unterbegriff als Teil-

---

[1]) 1013, b, 17 ff.
[2]) Vgl. Maier, Syllog II, 2, 175.
[3]) Vgl. Zeller 228, Maier, Syllog. II, 2, 269. 277; Prantl, Log. I, 272.
[4]) 29, b, 29.
[5]) 29, b, 34.
[6]) Logik § 57.
[7]) 49, b, 37. Maier, Syllog. II, 2, 151.
[8]) Maier II, 2, 154.

begriff des oberen zu bestimmen und damit unmittelbar die Notwendigkeit der Subsumtion des ersteren unter den letzteren zu enthüllen.

Eine Frage aber ist es vor allem, die sich an die Theorie des Syllogismus knüpft: die Frage nach dem Mittelbegriff, der doch irgendwie als „Träger der Vermittelung"[1]) angesehen werden muss. Er ist es, der dem Syllogismus sein Gepräge giebt.[2]) Er wird immer zuerst gesucht, weil er die Ursache enthält bezw. zum Ausdruck bringt.[3]) Es fragt sich nun: ist dieser Mittelbegriff identisch mit dem schöpferischen Wesensbegriff, der sowohl in der Naturphilosophie als Erkenntnistheorie des Aristoteles eine so bedeutsame Rolle spielt? — Allgemein genommen, jedenfalls nicht; denn der Syllogismus ist zunächst ein logisches Gebilde, das aus der Reflexion über die Sprache hervorgewachsen ist. Aber rein logische Begriffe können die ὄροι des Syllogismus nicht sein und am wenigsten der μέσος, da für Aristoteles jedes Wort, jeder Begriff als einheitlicher Ausdruck einer Vorstellung irgendwie das Abbild eines realen Dinges oder Vorganges ist.

Maier[4]) bezeichnet demgemäss die syllogistischen Begriffe als „logisch-ontologische" und das Schlussprinzip als ein logisch-ontologisches Gesetz. Dass nicht der Mittelbegriff eines jeden Syllogismus mit dem schöpferischen Wesensbegriff zusammenfallen kann, ergiebt sich auch daraus, dass es neben den Notwendigkeitssyllogismen auch Wirklichkeits- und Möglichkeitsschlüsse giebt: wo aber der schöpferische Begriff wirksam ist, da herrscht Notwendigkeit. Das letztere ist nun aber im apodeiktischen Syllogismus immer der Fall. Und so ist jedenfalls die Vermutung nahe gelegt, dass hier wirklich schöpferischer Begriff und syllogistischer Mittelbegriff identisch sind.

Die Apodeixis soll, von den obersten Gattungsbegriffen ausgehend, die systematische Gliederung der einzelnen Wissenschaften aufzeigen bezw. erst hervorbringen. Dies kann sie nur, indem sie immer wieder drei Begriffe in das Verhältnis setzt, wie es sich auf der letzten Stufe in dem Fortgang von der Gattung zur Art und von dieser zum Einzelding darstellt. Wie aber im letzteren Fall der Artbegriff mit dem schöpferischen Wesensbegriff zu-

---

[1]) Kampe 244.
[2]) 47, b, 7. 66, a, 27.
[3]) 90, a, 5.
[4]) Syllog. II, 2, 171.

sammenfällt, so hat auch der dem Artbegriff in diesem untersten Glied entsprechende Mittelbegriff in einem höheren Glied etwas von der Kraft des schöpferischen Begriffs; er enthält die Ursächlichkeit.¹) Somit scheint es nicht unberechtigt zu sein, wenigstens in gewissem Sinn den Mittelbegriff im apodeiktischen Schluss mit dem schöpferischen Wesensbegriff auf gleiche Stufe zu stellen. Und das im „beweisenden Schluss" herrschende Prinzip ist dann ein metaphysisches Gesetz.²)

Aus dieser „metaphysischen" Bedeutung des apodeiktischen Syllogismus ergiebt sich als Zweck der Beweisführung überhaupt die Entwickelung und Nachbildung des ursächlichen Naturgeschehens im Denken, d. h. die Erreichung von Wissen. „Wir lernen," sagt Aristoteles, „entweder durch Induktion oder Beweis."³) Da es aber kein objektives Wissen ohne subjektive Gewissheit giebt, so ist der Beweis auch indirekt auf die letztere gerichtet,⁴) während im dialektischen Schluss gerade die subjektive Überzeugung die Hauptsache ist, da in ihm nicht aus wissenschaftlichen Sätzen, sondern aus allgemein anerkannten Behauptungen (ἔνδοξα) geschlossen wird.⁵) Alles Wissen geht aber zuletzt doch immer auf das Wesen der Dinge und auf deren wesentliche Bestimmungen, die καϑ' αὑτὸ ὑπάρχοντα. Viererlei, sagt Aristoteles, verlangen wir zu wissen: das „Dass", das „Warum", das „ob es ist" und das „Was".⁶)

Unter dem „Dass" versteht er die Aussage darüber, ob etwas (eine Bestimmung u. s. w.) einem Ding zukomme oder nicht zukomme, dagen unter dem „Ob es ist" die Frage nach der Existenz oder Nicht-Existenz des betreffenden Dinges. Auf diese beiden letzteren Fragen, ob ein Ding existiert oder ob demselben eine bestimmte Eigenschaft zukommt oder nicht zukommt, giebt meist die Wahrnehmung die Antwort. Ist aber kein Wahrnehmungsdatum vorhanden bezw. möglich, dann müssen die etwaigen Mittelglieder bezw. Vermittelungen gesucht werden, welche zugleich die Ursachen des Gesuchten darstellen. Ist die Ursache gefunden, dann auch das „Dass" bezw. „Ob".

---

¹) 90, a, 5.
²) Zum Ganzen vgl. Maier, Syllog. II, 2, 149 ff. „Das Schlussprinzip".
³) 81, a, 40: μανϑάνομεν ἢ ἐπαγωγῇ ἢ ἀποδείξει.
⁴) 72, a, 25.
⁵) 46, a, 9.
⁶) 89, b, 24: τὸ ὅτι, τὸ διότι, εἰ ἔστι, τί ἐστιν.

Dieses Suchen nach der Ursache ist aber offenbar Sache der Induktion. Hat sie einen allgemeinen Satz gefunden, dann setzt die Apodeixis ein und von der höheren Ursache zur niederen fortschreitend liefert sie den Beweis und damit das Wissen des „Dass", nämlich dass der allgemeine Satz auf den einzelnen Fall Anwendung finde. Ist aber das „Dass" durch die Wahrnehmung festgestellt, so erübrigt nur, dasselbe als notwendig zu erweisen, d. h. aus seinen Ursachen zu erklären, was wiederum die Apodeixis leistet. Die Frage nach dem Warum, nach der Ursache, dem Allgemeinen, durchdringt demnach das induktive wie das deduktive Verfahren; sie gibt jedem der beiden Prozesse Leben und Bewegung. Völlig gelöst aber wird diese Frage nach dem Warum erst in einer anderen: in der Frage nach dem Was, dem Wesen der Dinge. Das Wissen des Wesens ist identisch mit dem Wissen des Warum.[1]

Kennen wir das „Dass" bei einem Gegenstande, so fragen wir unwillkürlich nach dem „Was". Die Methode, welche zur Erkenntnis des Wesens führt, ist die definitorische, der ὁρισμός, die Begriffsbestimmung. Auch sie soll Wissen erzeugen wie die Apodeixis und es fragt sich nun zunächst, ob nicht die eine von den beiden Methoden überflüssig sei, falls das Wissen eines und desselben Objekts sowohl durch Deduktion als durch Definition erreichbar wäre.[2]

Das letztere ist jedoch nicht der Fall; denn Definition und Beweis haben verschiedene Objekte: Die erstere geht auf das An-sich (καθ' αὑτό), auf das Wesen der Dinge, aber auch nur auf dieses, während der Beweis das Wesen, die Kenntnis der Bedeutung des Begriffes voraussetzt. Er beschränkt sich auf die Aussage über das Dasein oder Nicht-dasein, über das Ansich-zukommen oder Nicht-zukommen, während die Bestimmung des „Dass" für die Definition nur insofern von Bedeutung ist, als nach der Meinung des Aristoteles das Dasein Voraussetzung und Bedingung für die Erforschung des Wesens oder des Begriffes ist. Das „Dass" und das „Was" verhalten sich auch nicht etwa wie der Teil zum Ganzen, so dass etwa das „Dass", das Dasein, schon im „Was", im Begriff enthalten wäre. Also giebt es von einem und demselben

---

[1] 90, a, 31: τὸ τί ἐστιν εἰδέναι ταὐτό ἐστι καὶ διὰ τί ἐστιν; vgl. das ganze Kapitel II von Anal. post. B.

[2] Anal. post. II, 3.

nicht zugleich Beweis und Definition.¹) Die Methode der Einteilung kann zwar zu einer Definition gelangen, aber ihr fehlt die Notwendigkeit, die zum Schlusse unbedingt erforderlich ist.²) Die Einteilung ist kein Schluss und darum ist sie auch keine Instanz dafür, dass Definition und Deduktion (Schluss) zusammenfallen.

Wenn aber auch die beiden Methoden selbständig ihr Ziel, das Wissen erreichen, so stehen sie doch in enger Beziehung zu einander. Das Wesen, der Wesensbegriff, ist die innerste Ursache der Erscheinungen, und darum ist er es doch immer wieder, auf den das Wissen in letzter Linie abzielt. Geht der Beweis auf die καθ' αὑτὰ ὑπάρχοντα, so liegt der Grund hierfür in ihrer Beziehung zum Wesen, zum schöpferischen Wesensbegriff. Ja, der apodeiktische Schluss ist geradezu von Definitionen umrahmt; denn sowohl der Obersatz stellt eine Realdefinition dar, wie auch der Schlusssatz, und wenn dann im letzten Schlusssatz der unterste Artbegriff seinen sprachlichen Ausdruck findet, so ist einerseits das Ende des Syllogismus, andrerseits das Ziel des definitorischen Verfahrens erreicht. „In der Definition erreicht der Trieb des apodeiktischen Wissens sein Ziel."³) Es giebt zwar, wie Aristoteles⁴) sich ausdrückt, von dem Wesen keinen Schluss und keinen Beweis, wohl aber kommt Definition mit Hilfe des Schlusses und des Beweises zustande (διὰ συλλογισμοῦ καὶ δι' ἀποδείξεως), so dass einerseits ohne Beweis das „Was" nicht erkannt werden kann, weil ohne das „Dass" die Frage nach dem „Was" überflüssig ist, andrerseits aber doch auch ein Beweis des „Was" ausgeschlossen bleibt.⁵)

Zur Induktion verhält sich die Definition ähnlich wie zur Apodeixis. Die Induktion kann nur das „Dass", niemals aber das

---

¹) Anal. post. II, 3. Es ist interessant, diese Stelle, wo Aristoteles das Dasein nicht als Merkmal des Begriffs gelten lässt, zu vergleichen mit jenem kantischen Ausspruch, dass 100 wirkliche Taler begrifflich um nichts mehr enthalten als 100 mögliche Taler. Während die Existenz für Kant völlig ausser Betracht bleibt, ist dies bei Aristoteles keineswegs der Fall. Ihm ist es selbstverständlich, dass es ohne Existenz eines Dinges doch auch keinen Begriff von dem Dinge geben könne, da der Begriff doch das, was er ist, nur dadurch ist, dass er Abbild des Wesens eines Dings ist. Das Dasein gehört zwar nicht in die Definition, aber es gehört zur Definition (Anal. post. II, 7. 92, b, 4).

²) Anal. II, 5.
³) Prantl, Log. I, 338.
⁴) 93, b, 15.
⁵) 93, b, 18.

„Was" aufzeigen.¹) Immerhin aber stehen die beiden in enger Beziehung; die Induktion fördert das definitorische, die Definition das induktive Verfahren. Die Epagoge geht auf das Gemeinsame der Dinge, erreicht dadurch ein Allgemeines und hat ihr Ziel in den apodeiktischen Prinzipien, diese sind aber nichts anderes als Definitionen der obersten Gattungen. Auch deckt sich in mancher Beziehung das beiderseitige Verfahren. Wie die Epagoge, so geht auch die definitorische Methode von der Erscheinung aus und sucht in ihr das Wesen zu entdecken, denn das Allgemeine, das Wesen findet sich nur im Einzelding verwirklicht. Aber die Definition geht auf das, was einem Ding an sich zukommt, um dann das An-sich selbst zu erreichen. Die Induktion dagegen sucht das, was einer ganzen Gattung von Dingen gemeinsam ist.

Nachdem so apodeiktisches, induktives und definitorisches Verfahren gegen einander abgegrenzt sind, ist es nicht mehr schwer, das Ziel des definitorischen Verfahrens näher zu bestimmen, eine Definition der Definition zu geben. Die Begriffsbestimmung ist das Aussprechen des Wesens, der Substanz, des schöpferischen Wesensbegriffs,²) sie ist der ausgesprochene Begriff. Aristoteles hält die beiden — Definition und Begriff — nicht streng auseinander. Ὅρος und ὁρισμός bedeuten beide das eine wie das andere. Wie die Begriffsbestimmung als das Aussprechen des Wesens eines Dinges bestimmt werden kann, so der Begriff als der Gedanke des Wesens eines Dings.³) Der (subjektive) Begriff ist das adäquate Abbild des Wesens eines Dinges in unserem Denken, die Definition dagegen ist der in einem Urteil zur sprachlichen Entfaltung gelangte Begriff, sie ist Begriffsbestimmung. Da aber das „Was" meist schon in einem Wort der Sprache seinen Ausdruck gefunden hat, so giebt es auch eine Definition, welche nur die Bedeutung dieser Wortbezeichnung auseinanderlegt; aber diese Wortdefinition soll doch nur eine Vorstufe sein zur eigentlichen, zur Sachdefinition.⁴) Diese offenbart das „Warum" eines

---

¹) Anal. post. II, 7.

²) 93, b, 29: ὁρισμός λέγεται εἶναι λόγος τοῦ τί ἐστι. 90, b, 30: ὁρισμός μὲν γὰρ τοῦ τί ἐστι καὶ οὐσίας. 1031, a, 12: ὅτι μὲν οὖν ἐστιν ὁ ὁρισμὸς ὁ τοῦ τί ἦν εἶναι λόγος.

³) In dieser Weise kann das ὁρισμός ἐστι λόγος τοῦ τί ἐστι oder τοῦ τί ἦν εἶναι als Gedanke des Wesens übersetzt werden. So Zeller, 209.

⁴) 1012, a, 22: ὁρισμὸς δὲ γίνεται ἐκ τοῦ σημαίνειν τι ἀναγκαῖον εἶναι αὐτούς. ὁ γὰρ λόγος, οὗ τὸ ὄνομα σημεῖον, ὁρισμὸς γίνεται.

Gegenstandes und kann daher eine Art Apodeixis[1]) genannt werden.[2])

Ziel der Definition im strengeren Sinn ist also die Darlegung des „Was" und „Warum" zugleich. Diese beiden aber vereinigen sich im schöpferischen Wesensbegriff, der mit dem untersten Artbegriff identisch ist. Dieses τί ἦν εἶναι ist sowohl Träger als auch Ursache der Einzelerscheinung; es ist das eigentümliche Wesen eines jeden Dings. Das τί ἦν εἶναι ist darum in erster Linie das, worauf die Definition hinstrebt, aber es ist nicht das einzige; im weiteren Sinn kann es Definitionen von allem geben, von dem überhaupt ein „Was" ausgesagt werden kann.[3])

Das τί ἦν εἶναι ist dem τί ἐστι gegenüber das Besondere, das Bestimmte. Das τί ἐστι trägt das τί ἦν εἶναι in sich, und insofern wird doch in jeder Definition dieses wenigstens bis zu einem gewissen Grad erreicht.[4])

In dem Wissen des schöpferischen Begriffs ist aber das Wissen um die Ursache eingeschlossen; denn er ist ja die Ursache. Somit

---

[1]) οἷον ἀπόδειξις τοῦ τί ἐστι 94, a, 1.

[2]) Anal. post. II, 10. Vgl. Prantl, Log. 1, 337.

[3]) Damit scheint in der Hauptsache der Unterschied der Definition als λόγος τοῦ τί ἦν εἶναι und derjenigen als λόγος τοῦ τί ἐστιν charakterisiert zu sein. Das τί ἐστιν ist der weitere, das τί ἦν εἶναι der engere Begriff. Im letzteren scheint vor allem die Ursächlichkeit, die schaffende Wesensform (938, a, 27) ihren Ausdruck gefunden zu haben. Das Imperfekt im Ausdruck τὸ τί ἦν εἶναι wird seit Trendelenburgs Vorgang gewöhnlich mit der Stellung des Wesensbegriffs als des πρότερον τῇ φύσει, als des „idealen Prius" im Werdeprozess erklärt. So soll es nach Zeller (207 Anm.) „dasjenige an den Dingen bezeichnen, was im ganzen Verlauf des Daseins sich als ihr eigentliches Sein herausgestellt hat, das Wesentliche im Unterschied von dem Zufälligen und Vorübergehenden". Strümpell (241) sieht „den Grund der Entstehung dieses Ausdrucks (τί ἦν εἶναι) in dem Unterschiede der Bedeutung des Seins nach der ersten und nach den übrigen Kategorien: das Sein des nach den übrigen Kategorien Ausgesagten hängt davon ab, dass das Sein eines nach der ersten Kategorie Ausgesagten vorhergeht," und er schliesst daraus, „dass, wenn etwas im wahren Sinn des Wortes definiert ist, dieses immer eine οὐσία der ersten Kategorie sein muss". Dagegen scheint sich unter dem τί ἐστι überhaupt alles unterbringen zu lassen, was auf die Frage, was etwas ist, als Antwort gegeben werden kann, d. h. alles, was der Begriff der οὐσία bei Aristoteles umfasst: καὶ οὐσία ἥ τε ὕλη καὶ τὸ εἶδος καὶ τὸ ἐκ τούτων (1035, a, 2); das τί ἐστι hat nach Trendelenburg immer eine Richtung auf die Definition und zwar so sehr, dass τὸ τί ἐστι sowohl die Gattung für sich als auch die Gattung mit den artbildenden Unterschieden bezeichnen kann. 132, a, 10; 142, b, 23.

[4]) Vgl. hierzu vor allem Trendelenburg, Kategorienlehre 35—52. Bonitz, Comm. in Met. Arist. 311.

scheint mit der Definition die höchste Stufe der Erkenntnis erreicht; denn sie bedeutet das Innehaben des ewigen Wesens der Dinge.

Wie kommt nun aber das definitorische Wissen zustande; welche methodischen Funktionen sind dazu erforderlich? Jeder Begriff besteht aus der Gattung und den artbildenden Unterschieden,[1]) der Gattung als dem Stoff, den artbildenden Unterschieden als der Form des Begriffs bezw. der Definition.

Jede Entwicklung, welcher Art sie sei, wird von Aristoteles in Beziehung bezw. in Parallele gesetzt mit dem Naturgeschehen. Wie sich das Allgemeine in der Natur mehr und mehr differenziert und spezifiziert, um zuletzt das Einzelding zu erreichen, aber auch nur in diesem zu bestehen, so muss auch die Begriffsbestimmung diesen Weg einschlagen. Sie soll ja den schöpferischen Wesensbegriff des Individuellen zum sprachlichen Ausdruck bringen, muss also den Begriff erst entdecken, wobei sie am besten dem Fortgang der Natur folgt. Diese aber schreitet (logisch gefasst) vom Allgemeinen, von dem an sich Früheren zum Besonderen fort.

Die Gattung ist das allgemeine Wesen von der Art nach verschiedenen Dingen;[2]) sie ist das allen Gemeinsame, das einigende Band, das die verschiedenen Arten zur Einheit zusammenschliesst. So wenig aber nach aristotelischer Auffassung überhaupt ein Allgemeines für sich, abgetrennt vom Einzelnen, existiert, ebensowenig auch die Gattung. Aber sie ist etwas Wirkliches in den Dingen, gewissermassen ihre Grundlage und infolgedessen der erste Bestandteil im Wesensbegriff.[3]) Soll der Begriff eines einzelnen Gegenstandes erreicht werden, so ist zunächst die Gattung, die den Gegenstand gegen solche anderer Gattungen abgrenzt, anzugeben; sodann müssen sämtliche wesentliche Merkmale, die ihn von anderen Gegenständen derselben Gattung unterscheiden, aufgesucht, d. h. der Begriff muss durch sämtliche Arten und Unterarten hindurch verfolgt werden, bis kein wesentlicher Unterschied mehr vorhanden ist. Dann ist die letzte Art und damit der gesuchte Begriff erreicht, so dass sich also der Begriff aus der Gattung und den, wie Aris-

---

[1]) 103, b, 15: ὁ ὁρισμὸς ἐκ γένους καὶ διαφορῶν ἐστιν.

[2]) 102, a, 31: γένος δ'ἐστὶ τὸ κατὰ πλειόνων καὶ διαφερόντων τῷ εἴδει ἐν τῷ τί ἐστι κατηγορούμενον.

[3]) 1024, b, 4: τὸ πρῶτον ἐνυπάρχον, ὃ λέγεται ἐν τῷ τί ἐστι, τοῦτο γένος.

toteles sie nennt, artbildenden Unterschieden (εἰδοποιὸς διαφορά¹)
zusammensetzt.²)

Die letzteren nehmen bei Aristoteles eine ganz eigentümliche
Stellung ein. Sie sind weder Substanzen,³) noch Accidentien,⁴)
werden aber trotzdem als Eigenschaften der Gattung bezeichnet,⁵)
aber sie sind keine zufälligen Eigenschaften, sondern Wesens-
bestimmungen,⁶) die ihren Gegenstand, d. h. hier den Begriff, erst
zu dem machen, was er ist.⁷)

Der Begriff und ebenso die Definition sind aber einheitliche
Gebilde. Gattung und artbildende Unterschiede können als Bestandteile nur in dem Sinn bezeichnet werden, wie etwa Form
und Stoff Bestandteile des Einzeldinges heissen. Wie in der
Natur Form und Stoff zur untrennbaren Einheit zusammengewachsen sind, so im Denken die Gattung und die Unterschiede
zum Begriff. Die Gattung ist die Materie, das Unbestimmte, das
erst durch die Unterschiede zur Bestimmtheit gelangen soll. Sie
ist erst der Möglichkeit nach, bevor die Unterschiede als die
Form (μορφή) sie zur Aktualität bringen.⁸)

So bilden Gattung und Unterschied in der realen Wirklichkeit die Substanz, in der Welt des Gedankens die logische Form
für den Begriff und die Definition, für den ὁρισμός.⁹)

Hieraus ergiebt sich, dass der methodische Weg zur Definition in der Aufsuchung und Darlegung der Gattung und der
artbildenden Unterschiede, und unter diesen vor allem des letzten,
der τελευταία διαφορά, bestehen muss. Nun ist die Gattung an

---

¹) 143, b, 7.
²) 1037, b, 29: οὐδὲν γὰρ ἕτερόν ἐστιν ἐν τῷ ὁρισμῷ ἀλλὴ τό τε πρῶτον
λεγόμενον γένος καὶ αἱ διαφοραί. Wenn 1038, a, 19 ἡ τελευταία διαφορὰ ἡ
οὐσία τοῦ πράγματος genannt wird, so ergiebt sich aus dem Vorhergehenden,
dass das γένος stillschweigend vorausgesetzt ist, γένος und διαφορά aber
ergeben zusammen die οὐσία.
³) 143, a, 32.
⁴) 3, a, 22: ἡ διαφορὰ τῶν μὴ ἐν ὑποκειμένῳ ἐστίν.
⁵) 128, b, 26: ἡ μὲν διαφορὰ ποιότητα τοῦ γένους ἀεὶ σημαίνει. Vgl.
1020, a, 33.
⁶) 144, a, 24: οὐδεμία γὰρ διαφορὰ τῶν κατὰ συμβεβηκὸς ὑπαρχόντων
ἐστί ... οὐ γὰρ ἐνδέχεται τὴν διαφορὰν ὑπάρχειν τινὶ καὶ μή, ὑπάρχειν.
⁷) Vgl. Trendelenburg, Kategorienlehre 55 f. Zeller 206.
⁸) Met. VIII, 6.
⁹) Vgl. Trendelenburg, Kateg. 70.

sich früher als der Unterschied, dieser früher als die Art.¹) Der sicherste Weg, die vollständige Definition eines Gegenstandes zu erreichen, wird also derjenige sein, der von der Gattung aus durch alle Unterschiede hindurch zum letzten unterscheidenden Merkmal und damit zur Art und zum Begriff führt. Dies geschieht durch die Methode der Einteilung, welche Aristoteles für ein vollständiges und gesichertes definitorisches Verfahren für unentbehrlich hält.²) Bevor aber eingeteilt werden kann, muss erst die Gattung gefunden sein. Dies geschieht auf eine Art von induktorischem Verfahren, indem man von einzelnen Bestimmungen aus, die mehreren Dingen gemeinsam sind, die Art, und von den Arten aus die Gattung sucht. Dabei muss aber darauf geachtet werden, dass nur die wesentlichen Bestimmungen Berücksichtigung finden; denn zufällige Ähnlichkeiten sind ebenso wie zufällige Unterschiede wertlos für die Bestimmung des Begriffs und auch der Gattung.³) Die Aufsuchung der Ähnlichkeit führt zur Erkenntnis dessen, was in mehreren Dingen identisch ist, so dass wir, wie Aristoteles sich ausdrückt, „nicht im Zweifel sein werden, in welche Gattung bei der Definition der vorliegende Gegenstand zu setzen sei; denn von dem Gemeinsamen wird das, was am meisten in dem τί ἐστι ausgesagt wird, die Gattung sein".⁴)

Ist die Gattung erreicht, so beginnt die Einteilung, d. h. man scheidet die Gattung, bis man zuletzt auf die unteilbaren, untersten Arten⁵) stösst. Dabei dürfen aber nicht alle Bestimmungen zugleich aufgenommen werden: nur wenn man der Ordnung gemäss verfährt, also die Gattung in Arten, die Arten in Unterarten teilt und dabei keinen Unterschied übersieht, wird man zur richtigen Definition gelangen.⁶) Nicht verlangt ist hierbei, dass man etwa alle zur betreffenden Gattung oder Art gehörigen Dinge kenne. Nicht jeder Unterschied ist ein Artunterschied, und so kann es viele (allerdings nicht der Art nach) verschiedene Dinge geben, deren Kenntnis oder Unkenntnis auf die Definition keinerlei Einfluss übt.

---

¹) 144, b, 10: τοῦ μὲν γὰρ γένους ὕστερον, τοῦ δ' εἴδους πρότερον τὴν διαφορὰν δεῖ εἶναι.

²) 96, b, 35.

³) Anal. post. II, 13.

⁴) 108, b, 19 ff. . . . τῶν γὰρ κοινῶν τὸ μάλιστα ἐν τῷ τί ἐστι κατηγορούμενον γένος ἂν εἴη vgl. Kampe 205 f.

⁵) τὰ ἄτομα τῷ εἴδει τὰ πρῶτα: 96, b, 16.

⁶) Vgl. 146, b, 31.

Aristoteles verlangt also für die Einteilung dreierlei: dass nur die wesentlichen Bestimmungen berücksichtigt werden, dass man vom Allgemeinsten zum weniger Allgemeinen niedersteigt, d. h. der Ordnung entsprechend, und endlich, dass alle wesentlichen Bestimmungen bezw. Unterschiede einbezogen werden. Ist auf diese Weise der letzte Unterschied erreicht, so dass nurmehr der Zahl nach verschiedene Dinge übrig bleiben, die alle den gleichen Artbegriff teilen, dann ist die Definition vollendet.[1])

Eine Frage bleibt indes noch übrig: giebt es überhaupt eine Definition vom Einzelding, und zwar in dem Sinn, dass der betreffende Begriff auf keinen anderen Gegenstand anwendbar wäre? Die Frage ist offenbar zu verneinen: denn von zufälligen Bestimmtheiten, die auch bei der Art nach identischen Dingen noch vorhanden sind, und durch die eine Vielheit von ihrem Wesen nach gleichen Dingen erst möglich wird, giebt es im Begriff keinen Ausdruck und keinen Raum. Der Begriff und die Definition gehen auf das Allgemeine, auf die Wesensform,[2]) aber weil diese niemals getrennt für sich existiert, sondern nur als das in mehreren Einzeldingen verwirklichte Allgemeine und als das Wesen der Dinge, so muss diese Beziehung zum Einzelnen, d. h. hier zum Stoff im Begriff irgendwie mitgedacht werden. Aristoteles führt als Beispiel die Seele an; sie ist die begriffliche Wesenheit, die Form, der schöpferische Begriff eines bestimmten Leibes[3]) und ohne diese Beziehung auf den Leib, ohne Bezeichnung ihrer Wirksamkeit, kann sie eben nicht richtig definiert werden. Die Kenntnis des Wirkungskreises aber ist nicht möglich ohne Wahrnehmung.

Wenn indes eine Definition ohne Wahrnehmung nicht zustande kommt — und diese Behauptung ist durchaus aristotelisch,[4]) da ja nach ihm kein Denken ohne Wahrnehmung ist — so ist damit noch nicht gesagt, dass etwas von dem, was die Wahrnehmung bietet (die sinnliche Form und die zufälligen Merkmale), in den Begriff aufgenommen würde. Der νοῦς erfasst den Wesensbegriff in und durch die Wahrnehmung, aber die Wahrnehmung

---

[1]) Anal. post. II, 13.

[2]) 1036, a, 28: τοῦ γὰρ καθόλου καὶ τοῦ εἴδους ὁ ὁρισμός. 1039, b, 27: τῶν οὐσιῶν τῶν αἰσθητῶν τῶν καθ᾽ ἕκαστα οὔθ᾽ ὁρισμὸς οὔτ᾽ ἀπόδειξίς ἐστιν.

[3]) 1035, b, 15: ἡ κατὰ τὸν λόγον οὐσία καὶ τὸ εἶδος καὶ τὸ τί ἦν εἶναι τῷ τοιῷδε σώματι.

[4]) 1035, b, 16 ff.

für sich giebt keinen Begriff. Und wenn bei der Definition der Seele die Beziehung derselben auf den Leib nicht ausser acht gelassen werden darf, so brauchen darum noch nicht etwa die Bestandteile des Leibes, Fleisch und Knochen, in die Definition aufgenommen zu werden. Diese Beziehung ist etwas durchaus Stoffloses und findet ihren Ausdruck in Attributen, wie „sinnlich wahrnehmend", „vegetativ" u. s. w., die aber vom Stoff des Körpers selbst nichts enthalten. Davon, dass die ὕλη im gewöhnlichen Sinn in den Begriff aufgenommen würde, kann nicht die Rede sein. Es ist stets ein Allgemeines, was Gegenstand der Definition wird, das Einzelding als solches ist dazu nicht imstande,[1]) weil hier die Unterschiede nicht mehr Unterschiede der Form, der Art, sondern nur noch der Materie sind, gewissermassen hervorgegangen aus der passiven Wirksamkeit des Stoffes.[2])

Nur einen Fall giebt es, wo auch eine ὕλη in die Definition eingehen kann: es ist die ὕλη νοητή, die erkennbare Materie, im Gegensatz zur wahrnehmbaren Materie (ὕλη αἰσθητική). Diese ὕλη νοητή umfasst eine mathematische und eine begriffliche Materie. Unter der ersteren versteht Aristoteles die mathematischen Figuren, unter der letzteren die Gattung als das ὑποκείμενον in der Begriffsbestimmung.

Der Mathematiker betrachtet seine Objekte nicht als in diesem oder jenem Körper verwirklicht, z. B. den Kreis nicht als diesen ehernen oder hölzernen Kreis; er abstrahiert von allem Körperlichen und operiert nur mit der Grösse als Grösse.[3]) Aber insofern sie eben Grösse und infolgedessen teilbar ist, ist sie Materie oder, wie sich Baeumker[4]) ausdrückt: „Materie des Kreises ist das, woran eine Teilung vorgenommen werden kann. Das aber ist die jedesmalige Ausdehnung, welche nach einem allgemeinen Begriff, nämlich der Form (oder Formel, wie ein Moderner sagen würde) des Kreises bestimmt ist. Die abstrakt gedachte Ausdehnung also ist die gemeinsame Materie der mathematischen Körper; individuelle Materie das jedesmalige Quantum derselben, in dem das allgemeine Formgesetz verwirklicht erscheint."

Materie heisst auch hier das Unbestimmte, Allgemeine, zu dem erst der bestimmende Faktor hinzutreten muss, damit ein

---

[1]) 1036, a, 2: τοῦ δὲ συνόλου ἤδη . . . οὐκ ἔστιν ὁρισμός . . .
[2]) Met. VII, 10; vgl. Zeller 211; Bullinger, Met. 18 ff.
[3]) 1061, a, 28.
[4]) Probl. 292/93.

Wirkliches — hier der Begriff — entsteht. Aristoteles führt als Beispiel die Bestimmung des Kreises als einer ebenen Figur (ὁ κύκλος σχῆμα ἐπίπεδον)¹) an und bezeichnet das eine, die Figur, als die ὕλη, das andere, eben (ἐπίπεδον), als die ἐνέργεια des Begriffs.²) Hier berühren sich offenbar mathematische und begriffliche Materie sehr nahe.³) Die letztere besteht in der Gattung, die, wie bereits ausgeführt wurde, den Stoff des Begriffes bildet, während die Unterschiede das Formprinzip darstellen. Nun scheint in dem angeführten Beispiel σχῆμα die Stellung der Gattung, ἐπίπεδον die des Unterschiedes einzunehmen. Die Differenz bestünde nur darin, dass hier die Gattung (σχῆμα) ein Ausgedehntes, ein Räumliches wäre, jedoch ebenso unbestimmt und formlos wie die Gattung in anderen Begriffen.

Dass wirklich Materie und Materielles nach Aristoteles in den Begriff aufgenommen werden könnten oder müssten, scheint demnach ausgeschlossen, wohl aber enthält der Begriff in gewissem Sinn einen Stoff, nämlich Stoff in der Bedeutung des Unbestimmten, Potentiellen, das erst durch Hinzutritt des spezifizierenden Elements zur Bestimmtheit und Aktualität gelangt. Könnte auch Stoffliches im gewöhnlichen Sinn im Begriff zum Ausdruck kommen, dann müsste es von jedem Einzelding einen nur für eben dieses Ding geltenden Begriff geben. Damit, so scheint es, würde die höchste Erkenntnis erreicht sein; denn dann könnte ein System von Begriffen aufgestellt werden, das vollständig der realen Weltwirklichkeit entspräche und diese in allen Einzelheiten abbildete. Aber damit wäre auch — nach aristotelischer Auffassung — die begriffliche Erkenntnis wertlos geworden; denn sie hätte das Zufällige, Vergängliche zum Gegenstand genommen, während doch nur das Ewige, das Bleibende ein wahrer Erkenntnis würdiges Objekt bildete. Das Bleibende in den vergänglichen Erscheinungen ist aber ihre Wesensform; sie allein ist darum eigentlicher Gegenstand der Definition. Hieraus scheint sich allerdings für Aristoteles eine missliche Konsequenz zu ergeben, nämlich die, dass die Wissenschaft nicht imstande wäre, den ganzen Gehalt der Weltwirklichkeit aufzufassen — denn dazu gehören auch die individuellen Bestimmtheiten —. Und in der Tat ist diese Konsequenz auf aristotelischem Boden kaum zu vermeiden. Eigentliche Wissenschaft kann

---

¹) Met. VII, 10.
²) 1045, a, 34.
³) Vgl. Brandis, Handb. II, b, 1, 136 ff.

es von rein individuellen Merkmalen und Unterschieden nicht geben, wohl aber Beschreibung. Aber auch die moderne Wissenschaft geht nur auf das Einzelne, um das Typische, Gesetzmässige, Konstante zu eruieren.[1])

Somit scheinen die Wesensform und die wesentlichen Bestimmungen der eigentliche Gegenstand der Erkenntnis bleiben zu müssen, und da die Definition direkt auf die Form, das Wesen, den schöpferischen Begriff (τὸ τί ἦν εἶναι) abzielt, so erreicht in ihr offenbar der ganze Erkenntnisprozess seine Vollendung. Der Begriff nach seiner realen Seite, d. h. in seiner Objektivierung in den Dingen ist die wirkende Kraft im Naturgeschehen, nach seiner logisch-formalen Seite aber ist er Element und zwar das wertvollste Element der Erkenntnis.

3. Kapitel.
Affektion und Sinnlichkeit bei Kant.

Des Aristoteles Problem war das Werden und Wachsen in der Natur, aber auch das Werden und Wachsen im menschlichen Geist: das Werden der Erkenntnis. Und die Art, wie er den Erkenntnisprozess von Stufe zu Stufe verfolgt, wirft ein helles Licht auf seinen Erkenntnisbegriff, ja dieser ist in jenem schon mitenthalten. Anders bei Kant. Sein Problem ist die fertige Erkenntnis und vor allem ihr Anspruch auf Allgemeingültigkeit, er fragt nach der Möglichkeit einer allgemeingültigen Erkenntnis. Seine Methode ist nicht die psychologische, sondern die kritische: er handelt nicht „von dem Entstehen der Erfahrung ..., sondern von dem, was in ihr liegt".[2]) Aber von einem Erkenntnisprozess kann auch bei ihm gesprochen werden, wenn es auch weniger ein psychologischer als ein logischer ist, ein Fortschritt von der Bedingung zum Bedingten.

Ganz hat übrigens auch Kant das psychologische Element nicht auszuscheiden vermocht und wohl auch nicht ausscheiden wollen. Die psychologischen Bezeichnungen, die er auch in seiner der Psychologie abgekehrten Methode beibehalten musste, um sich verständlich zu machen, haben ihn manchmal in das psychologische

---

[1]) Vgl. Maier, Syll. II, 2; 217.
[2]) Proleg. § 21a. K. W. IV, 304.

Gebiet zurückgeführt, und zuweilen macht es den Eindruck, als ob die psychologischen Termini noch seine volle Gunst besässen.

Dazu kommt, dass er seine kritische Methode ohne psychologische Voraussetzungen nicht durchführen konnte. Seine Untersuchung musste auch darauf ausgehen, „den reinen Verstand selbst, nach seiner Möglichkeit und den Erkenntniskräften, auf denen er selbst beruht, mithin ihn in subjektiver Beziehung zu betrachten".[1]) Und Kant nennt diese Untersuchung eine Erörterung von grosser Wichtigkeit, wenn auch nicht wesentlich zum Hauptzweck gehörig:[2]) es ist Kants Transscendentalpsychologie,[3]) d. h. eine Psychologie, welche die apriorischen Bedingungen der Erkenntnis im Subjekte aufsucht.[4]) Diese Bedingungen haben sich bereits als die Erkenntnisfaktoren erwiesen: auf der einen Seite die Anschauungen bezw. Anschauungsformen, auf der anderen die Kategorien. Die beiden „Vermögen", auf denen sie beruhen, sind die Sinnlichkeit und der Verstand.

Hatte Kant in seiner früheren Periode ebenso wie die Leibniz-Wolff'sche Schule sinnliche und Verstandeserkenntnis nur graduell unterschieden: die erstere ist verworren, die letztere klar und deutlich, so musste eine tiefgreifende Änderung eintreten, sobald Raum und Zeit als Anschauungsformen erkannt waren: Sinnlichkeit und Verstand sind spezifisch verschieden. Doch ist der Unterschied weniger ein psychologischer als ein erkenntnistheoretischer, und Kant ist der Ansicht, dass die beiden „Stämme der

---

[1]) Kr. 8.
[2]) Ebenda.
[3]) „Transscendental" nennt Kant alle Erkenntnis, „die sich nicht sowohl mit Gegenständen, sondern mit unserer Erkenntnisart von Gegenständen, insofern diese apriori möglich sein soll, beschäftigt" (Kr. 43/44). Transscendental heisst also bei ihm jede Untersuchung, die sich mit apriorischer Erkenntnis und deren Bedingungen befasst. In der Bezeichnung der letzteren selbst als transscendental schwankt Kant (vgl. die Bestimmung von Kr. 80 mit der Benennung des Selbstbewusstseins als „transscendentaler Apperzeption" u. ä. vgl. Hölder 13); eine interessante Auffassung giebt Michelis, Kant 47, 55. Salomon Maimon (Brief an Kant vom 20. September 1791. Akad. Ausg. XI, 274) bezeichnet als Transscendentalphilosophie „die Lehre von den Bedingungen der Erkenntnis eines reellen Objekts überhaupt".
[4]) Vgl. Vaihinger, Komm. I, 324; Windelband, Neuere Philosophie II, 52 f.

menschlichen Erkenntnis" „vielleicht aus einer gemeinschaftlichen, aber uns unbekannten Wurzel entspringen".[1]

Die Sinnlichkeit definiert Kant in der Dissertation als „die Rezeptivität des Subjekts, durch die es möglich ist, dass sein Zustand des Vorstellens durch die Gegenwart irgend eines Objekts auf bestimmte Weise affiziert werde";[2] ähnlich in der Kritik — wenn auch mit bemerkenswerter Zurückhaltung — als „die Fähigkeit (Rezeptivität), Vorstellungen durch die Art, wie wir von Gegenständen affiziert werden, zu bekommen".[3]

Wie Aristoteles, spricht auch Kant von einem Leiden ($\pi\acute{\alpha}\vartheta o\varsigma$, affectio) des empfindenden Subjekts. Während aber bei Aristoteles die Dinge den Sinn affizieren und ihm die sinnliche Form gewissermassen einprägen, ist es vom Kantischen Standpunkt eine schwierige Frage, was affiziere und worin die Affektion näherhin bestehe. Wenn Cohen[4] meint, das Affiziertwerden bedeute „nichts anderes als die Anschauung", so ist dagegen zu bemerken, dass durch das Affiziert-werden im Sinne Kants doch offenbar nur das eine Moment in der Anschauung, nämlich das der Empfindung zum Ausdruck kommen soll. Vielmehr kommt in der Lehre von der Affektion der Sinne Kants realistische Grundstimmung zum Vorschein. Infolge der Subjektivität von Raum und Zeit und der rein formalen Beschaffenheit der Verstandestätigkeit ist es uns zwar unmöglich, die Dinge so, wie sie an sich sind, zu erfassen, da wir ihnen den subjektiven Schleier nicht abnehmen können, in welchen sie durch die Sinnlichkeit in den Anschauungsformen, durch den Verstand in den Kategorien gehüllt werden. Aber an der Existenz von Dingen an sich zweifelt Kant nicht und seine ganze Stellungnahme gegenüber der Empfindung ist nur erklärlich, wenn er in ihr irgendwie die Wirkung dieser Dinge an sich sieht. Ob die Dinge an sich als eine Art geistiger Monaden zu denken sind, und diese durch irgend eine geistige Beziehung den menschlichen Geist, dieser aber die Sinnlichkeit affiziert, muss dahingestellt bleiben.[5]

---

[1] Kr. 47.
[2] Sensualitas est receptivitas subjecti, per quam possibile est, ut status ipsius repraesentationis objecti alicuius praesentia certo modo afficiatur. Sect. II § 3. K. W. II, 392.
[3] Kr. 48.
[4] Kants Theorie d. Erf. 165.
[5] Vgl. E. v. Hartmann, Kants Erk. 100 ff.

Zuweilen scheint jedoch Kant eine doppelte Affektion zu lehren, eine transscendente durch das Ding an sich und eine empirische durch den empirischen Gegenstand. Wenn indes Kant von Gegenständen spricht, „die unsere Sinne rühren und teils von selbst Vorstellungen bewirken, teils unsere Verstandestätigkeit in Bewegung bringen, diese zu vergleichen, sie zu verknüpfen oder zu trennen, und so den rohen Stoff sinnlicher Eindrücke zu einer Erkenntnis der Gegenstände zu verarbeiten, die Erfahrung heisst",[1]) so ist hier offenbar dem naiven Bewusstsein ein Zugeständnis gemacht; denn Gegenstände können hier nur die Bedeutung von Dingen im gewöhnlichen Sprachgebrauch haben, nicht den von Dingen an sich. Aber eine wirkliche Affektion seitens der Gegenstände als Erscheinungen hat Kant an dieser Stelle wohl kaum lehren wollen, vielmehr erscheint als Absicht jener psychologisch klingenden Worte, darzulegen, dass alle Erkenntnis erst durch ein von uns unabhängiges Etwas geweckt werden müsse, dass erst, wenn ein Stoff gegeben sei, die formende, subjektive Betätigung der Sinnlichkeit und des Verstandes eintreten könne.[2]) Dass auch die Empfindung etwa bloss auf die spontane Betätigung des Subjekts zurückgeführt werden müsse oder könne, war niemals Kants ernstliche Ansicht. — Das Gegeben-werden des Anstosses zur Erkenntnistätigkeit seitens eines von uns Unabhängigen konnte aber Kant nicht leichter und nicht verständlicher ausdrücken, als unter dem uns geläufigen Bilde der Affektion unserer Sinne durch die Gegenstände. „Die relative transscendentale Wahrheit des Bildes", sagt mit Recht Eduard v. Hartmann,[3]) „besteht eben darin, dass es ein, wenn auch inadäquates Bild des realen Vorganges ist, dass nämlich dem empirischen Ding an sich wirklich ein transscendentes Ding an sich, und dem vorgestellten Affizieren durch Bewegungen ein wirkliches Affizieren ohne Bewegung entspricht."[4])

---

[1]) Kr. 647.
[2]) Vgl. Stadler, Erk. 57.
[3]) Kants Erk. 102.
[4]) Vgl. Vaihinger, Komm. I, 172 f. Schwieriger ist die Lösung bezüglich der Affektion durch Gegenstände, von der in jenem Einschiebsel zur 2. Aufl. der Kritik: „Widerlegung des Idealismus" (Kr. 208) die Rede ist. Hier scheint wirklich die Annahme einer doppelten Affektion im Sinne Kants einigermassen begründet und berechtigt. Dabei ist jedoch der ganze Charakter jener „Widerlegung" zu beachten. Sie ist ihm von aussen aufgedrängt worden und kann etwas Gezwungenes und Gewundenes nicht verleugnen. Vgl. Vaihinger, Komm. II, 52 f.

Bei der transscendenten Affektion, d. h. derjenigen durch das Ding an sich, bleibt aber eine, und wohl die grösste Schwierigkeit bestehen, nämlich was uns berechtigt, die Begriffe der Ursache und Wirkung auf das Transscendente, das Ding an sich, auszudehnen, da doch die Kausalität als Kategorie nur auf die Erscheinungswelt angewandt werden kann, weil sie nur eine Form des verknüpfenden Denkens, aber nichts Reales im gewöhnlichen Sinne ist.[1])

Das unmittelbare Resultat der Affektion des Gemütes ist die Empfindung. Sie hat als das schlechthin „Gegebene" im Kantischen System eine so geringe Beachtung gefunden, dass sie eigentlich nur nebenbei erwähnt wird. Und doch besteht in ihr nach Kants Auffassung der gesamte Erkenntnisinhalt. Als solcher aber ist sie die Materie, das Unbestimmte, aber zu allem Bestimmbare in der Erkenntnis. Die Voraussetzung, dass sie „ein roher Stoff", ein gänzlich Ungeformtes sei, hat das Aristotelische Werturteil über Form und Stoff auch im Kantischen System wieder zur Geltung gebracht und mit dazu beigetragen, dass die Empfindung eine unverhältnismässig geringe Berücksichtigung gefunden hat.[2])

Doch wird Kant der Empfindung dadurch wieder einigermassen gerecht, dass sie in der Erkenntnis das eigentlich Reale ausmacht. Trotzdem sie selbst nur subjektiv ist, eine Modifikation des Gemütes, so ist doch sie es, die über die subjektive Sphäre hinaus auf ein vom Subjekt unabhängiges Reales hinweist.[3])

Aber selbst die innere Bestimmtheit fehlt der Empfindung nicht ganz, so sehr Kant sonst ihre Formlosigkeit betont: die Empfindung hat, wenn auch keine extensive, so doch eine intensive Grösse.[4]) Wirkliche Formbestimmtheit erhält sie jedoch erst durch ihre Einordnung in Raum und Zeit. Der erstere heisst die Form des äusseren, die letztere die Form des inneren Sinnes.

---

[1]) Vgl. Hölder 105; Vaihinger, Komm. II, 53.

[2]) Vgl. Vaihinger, Komm. II, 71; Wartenberg, Kantst. V, 14/15.

[3]) „Empfindung bezeichnet etwas Reales im Objekt" heisst es in den Vorlesungen Kants: Heinze, Vorlesungen Kants aus drei Semestern, 632 (152) — und Stadler (Erk. 69) bemerkt: „Unter Realität eines Gegenstandes müssen wir im scharfen Sinn die Vorstellung seiner materiellen oder Empfindungseinheit verstehen."

[4]) Kr. 136: „Antizipationen der Wahrnehmung."

4. Kapitel.
Die Synthesis des Mannigfaltigen bei Kant.

So wenig uns die Aristotelische Urmaterie gegeben werden kann, da ein absolut Formloses gar nicht als existierend zu denken ist, ebensowenig finden wir auch in unserem Bewusstsein jemals eine Empfindung im Sinne Kants, d. h. ein völlig ungeformtes, irrationales Etwas vor. Wird ein Gegenstand oder ein Vorgang durch den äusseren oder inneren Sinn wahrgenommen, so wird er im Wahrnehmungsakt in die räumlich-zeitliche Form eingehüllt. Der Sinn nimmt unter diesen und nur unter diesen Formen wahr. Raum und Zeit sind daher, eben weil auf der Gesetzlichkeit der Sinnlichkeit beruhend, von jeglicher Empfindung und Erfahrung unabhängig, ja die Bedingung derselben, d. h. a priori.

Da aber die Sätze der Geometrie nur Ausdruck der Gesetze des Raumes sind, so scheint mit dieser Subjektivierung von Raum und Zeit die Geometrie und, mit ihr die ganze Mathematik Halt und Inhalt zu verlieren. Doch gerade das Gegenteil ist der Fall. Wären Raum und Zeit reale Dinge, und die mathematischen Sätze nur von ihnen abstrahiert, so wäre es um ihre Allgemeingültigkeit geschehen, da Erfahrung niemals eine solche geben kann — soll es überhaupt eine allgemeingültige Erkenntnis geben, dann muss es die mathematische sein —, sind dagegen Raum und Zeit apriorische Formen, so kann es auch eine apriorische Erkenntnis von ihnen geben, und da Raum und Zeit Formen der Anschauung bezw. der Erscheinungen sind, so hat auch die Mathematik als die Wissenschaft von diesen Formen der Sinnlichkeit a priori Geltung für alle Anschauungen bezw. Erscheinungen, die jemals in mein Bewusstsein eintreten mögen. Die Idealität von Raum und Zeit ermöglicht also die Mathematik als Wissenschaft. Raum und Zeit sind darum die Bedingungen der Möglichkeit apriorischer, d. h. allgemeingültiger und notwendiger Erkenntnis.

Die Bestimmtheit, welche die Formen der Sinnlichkeit den Empfindungen geben und sie dadurch zu Anschauungen umgestalten, reicht aber nicht weiter als zur Abgrenzung der einzelnen Vorstellungen gegen einander in räumlicher und zeitlicher Ordnung. Damit aber dieses „Mannigfaltige der Sinnlichkeit"[1]) in das erkennende Denken eingehen könne, ist eine Vereinheitlichung des-

---
[1]) Kr. 94.

selben notwendig, eine Verknüpfung, eine Synthesis. „Ich verstehe aber unter Synthesis in der allgemeinsten Bedeutung die Handlung, verschiedene Vorstellungen zu einander hinzuzuthun und ihre Mannigfaltigkeit in einer Erkenntnis zu begreifen."[1]) Eine solche Synthesis heisst rein, wenn das zu verknüpfende Mannigfaltige a priori gegeben ist (z. B. Raum und Zeit als Gegenstände einer Anschauung [Reflexion] gefasst), empirisch, wenn die verknüpften Vorstellungen aus der Erfahrung stammen.

Das Vermögen, das diese Synthesis leistet, ist die Einbildungskraft. Kant nennt sie „eine blinde, obgleich unentbehrliche Funktion der Seele, ohne die wir überall gar keine Erkenntnis haben würden, der wir uns aber selten nur einmal bewusst sind".[2])

Die Kantische Einbildungskraft geht demnach weit über die Bedeutung und Wirksamkeit der Aristotelischen Phantasia hinaus. Sie hat nicht bloss „einen Gegenstand auch ohne dessen Gegenwart in der Anschauung vorzustellen"[3]) und bei Gelegenheit wieder zu reproduzieren, für Kant ist sie die Einheit schaffende Kraft überhaupt.

Die Synthesis des Mannigfaltigen der Anschauungen erfolgt in verschiedenen Stadien: das Mannigfaltige muss zunächst richtig und vollständig aufgefasst werden. Sämtliche Momente, sowohl des Empfindungs- als des Formelements in der Anschauung müssen in das Bewusstsein eingehen. Es ist „erstens das Durchlaufen der Mannigfaltigkeit und dann die Zusammennehmung desselben notwendig".[4]) So ist bereits zur richtigen Auffassung, zur vollständigen Wahrnehmung eine Synthesis von seiten der Einbildungskraft erforderlich.[5]) Kant nennt sie die „Synthesis der Apprehension in der Anschauung".[6])

Wie bei Aristoteles der Prozess der Vereinheitlichung bezw. Verallgemeinerung des Einzelnen schon in der Wahrnehmung beginnt, indem nicht das Einzelne als solches, sondern nur dessen sinnliche Form als ein bereits relativ Allgemeines aufgefasst wird, so bereitet sich auch nach Kant die zur Erkenntnis notwendige

---

[1]) Kr. 94.
[2]) Kr. 95.
[3]) Kr. 672.
[4]) Kr. 115.
[5]) Wahrnehmung ist nach Kant „das empirische Bewusstsein, d. i. ein solches, in welchem zugleich Empfindung ist". (Kr. 162.)
[6]) Kr. 115.

Einheit bereits in der Wahrnehmung, dem Bewusstwerden der Anschauung vor. Der Synthesis der Apprehension verdanken wir auch die Vorstellungen des Raumes und der Zeit, „da diese nur durch die Synthesis des Mannigfaltigen . . . erzeugt werden können".[1]

Aber auch wenn die einzelnen Elemente der Anschauung richtig aufgefasst sind, ist immer nur ein Einzelnes, eine isolierte Einzelvorstellung gegeben. Folgt aber in unserem Vorstellungsverlauf eine Vorstellung auf die andere, um dann zu entschwinden, und ist in jedem Augenblick nur eine im Bewusstsein gegenwärtig, so ist kein Erkennen möglich; denn dies erfordert, dass die Vorstellungen zu einander in Beziehung gesetzt, verbunden und getrennt werden. Damit dies möglich sei, müssen bei der Auffassung einer Vorstellung die früheren wieder erzeugt werden können. Dies leistet die Einbildungskraft in der „Synthesis der Reproduktion".[2]

Eine ungeordnete und regellose Reproduktion wäre indessen völlig wertlos. Wir sind uns bewusst, Vorstellungen nicht willkürlich mit einander verbinden, „mit einander vergesellschaften", assoziieren zu können. Wir fühlen einen Zwang, diese Vorstellung mit dieser, jene mit jener zu verbinden. Zunächst freilich können sich die Vorstellungen auch nach ihren zufälligen räumlichen, zeitlichen Bestimmtheiten, nach zufälligen Ähnlichkeiten reproduzieren. Hier handelt es sich also um jene sogenannten Regeln

---

[1] Kr. 116. Vgl. Riehl, Kritizismus I, 379. Es ist übrigens nicht ganz klar, ob Kant hier wirklich von der Vorstellung des Raumes und der Zeit im Gegensatz zur Raum- und Zeitform spricht; denn der Kantische Ausdruck „Vorstellung des Raumes" kann beides bedeuten, besonders wenn ein Gegensatz zwischen Anschauungsform und Anschauung nicht betont werden soll. Ist aber hier wirklich von der Vorstellung des Raumes (= der vorgestellte Raum) die Rede, so muss wohl diese apriorische Erzeugung so gedacht werden, dass durch die Anwendung der Raum- und Zeitform auf die Empfindungen und das geistige Durchlaufen der in Raum und Zeit geordneten Empfindungs- bezw. Anschauungswelt Raum und Zeit selbst zum Bewusstsein kommen, d. h. „Vorstellungen" werden.

[2] Kr. 116 ff.; vgl. Kr. 130, wo Kant sagt: „Die Einbildungskraft soll nämlich das Mannigfaltige der Anschauung in ein Bild bringen; vorher muss sie also die Eindrücke in ihre Tätigkeit aufnehmen, d. i. apprehendieren. Es ist klar, dass selbst diese Apprehension des Mannigfaltigen allein noch kein Bild und keinen Zusammenhang der Eindrücke hervorbringen würde, wenn nicht ein subjektiver Grund da wäre, eine Wahrnehmung, von welcher das Gemüt zu einer andern übergegangen ist, zu den nachfolgenden herüberzurufen, und so ganze Reihen derselben darzustellen . . ."

der Assoziation. Reproduzieren sich aber zwei Vorstellungen nach einer solch zufälligen Bestimmtheit oder Ähnlichkeit, so sind wir uns der Zufälligkeit der Verbindung wohl bewusst. Anders ist es bei jenen Vorstellungen, die sich uns mit Notwendigkeit immer in der gleichen Verbindung aufdrängen. Der Grund dieser Notwendigkeit muss offenbar in den Erscheinungen selbst liegen, nicht wie bei den Regeln der Assoziation in der zufälligen Reihenfolge bei der Apprehension u. ä. Diese objektive Regel, nach der die Erscheinungen verknüpft sind, und die der Grund für die Gesetzmässigkeit unseres Vorstellens ist, nennt Kant „die Affinität des Mannigfaltigen".[1]

Alle Reproduktion würde aber vergeblich sein, wenn wir nicht in den reproduzierten Vorstellungen die früher apprehendierten wieder zu erkennen vermöchten; denn dann würde die reproduzierte Vorstellung für uns die gleiche Bedeutung haben wie eine, die zum erstenmal ins Bewusstsein tritt. Aber nicht nur muss die Identität zwischen einer Vorstellung und ihrem reproduzierten Abbild erkannt werden können, sondern auch die begriffliche Identität einer neuen Vorstellung mit einer früheren — d. h. der auf Grund früherer Anschauungen gebildete Begriff muss als auf eine bestimmte, neue Anschauung anwendbar erkannt werden, daher diese Synthesis die „der Rekognition im Begriffe" heisst.[2]

Diese Rekognition, die Erkenntnis der Identität zeitlich unterschiedener Vorstellungen, ist aber offenbar nur möglich, wenn das Bewusstsein, gewissermassen der Hintergrund des Vorstellungsverlaufes, in allem Wechsel der Vorstellungen sich selbst gleich bleibt. Dieses Bewusstsein kann darum nicht das empirische sein, das mit unseren Vorstellungen wechselt. „Das Bewusstsein seiner Selbst, sagt Kant, nach den Bestimmungen unseres Zustandes, bei der inneren Wahrnehmung, ist bloss empirisch, jederzeit wandelbar, es kann kein stehendes oder bleibendes Selbst in diesem Flusse innerer Erscheinungen geben und wird gewöhnlich der innere Sinn genannt, oder die empirische Apperzeption. Das, was notwendig als numerisch identisch vorgestellt werden soll, kann nicht als ein solches durch empirische Data gedacht werden. Es muss

---

[1] Kr. 125: „Der Grund der Möglichkeit der Assoziation (Assoziation ist hier im Sinne der notwendigen Verknüpfung, z. B. der kausalen, gebraucht) des Mannigfaltigen, sofern es im Objekte liegt, heisst die Affinität des Mannigfaltigen."

[2] Kr. 118.

eine Bedingung sein, die vor aller Erfahrung vorhergeht und diese selbst möglich macht, welche eine solche transscendentale Voraussetzung geltend machen soll."¹) Diese „transscendentale", „reine", „ursprüngliche Apperzeption" ist also die Bedingung aller Einheit unserer Erkenntnis.²) Durch sie werden die Vorstellungen erst meine Vorstellungen; sie kommt zum Ausdruck in dem „Ich denke". „Das: Ich denke muss alle meine Vorstellungen begleiten können; denn sonst würde etwas in mir vorgestellt werden, was gar nicht gedacht werden könnte, welches eben soviel heisst, als die Vorstellung würde entweder unmöglich, oder wenigstens für mich nichts sein."³) Es braucht also zwar nicht das klare Bewusstsein einer Vorstellung als meiner Vorstellung vorhanden zu sein, aber dieses Bewusstsein muss jederzeit möglich sein;⁴) denn nur unter dieser Bedingung ist mir die Vorstellung nicht etwas Fremdes, nicht etwas, das in keine Beziehung zu mir treten kann.

Um aber der Identität des Bewusstseins in verschiedenen Vorstellungen selbst bewusst werden zu können, ist notwendig, erst ihrer Synthesis, ihrer Verbindung bewusst zu werden. Erst aus der synthetischen fliesst die analytische Einheit der Apperzeption. Das Bewusstsein von der Identität des eigenen Selbst, davon, dass das Ich, das früher vorstellte, das nämliche ist wie dasjenige, das jetzt vorstellt, erlangen wir also erst aus dem Bewusstsein der Identität der früheren mit den jetzigen Vorstellungen.⁵)

---

¹) Kr. 121.
²) In den Vorlesungen Kants wird zwischen intellektueller und empirischer Apperzeption unterschieden und es heisst da: „Wenn ich mir vermittelst meines inneren Sinnes bewusst bin, so ist dies empirische Apperzeption (hier muss ich mir selbst gegeben sein), aber ich bin mir dadurch gar nicht meiner Tätigkeit bewusst, sondern durch die intellektuelle Apperzeption geschieht das." Heinze, Vorlesungen Kants, Abh. d. Kgl. Sächs. Akad. d. W. 597.
³) Kr. 659.
⁴) Wenn Cohen (Logik, 15) glaubt, dass sich bei Kant die Einheit des Bewusstseins „als die Einheit des wissenschaftlichen Bewusstseins" definierte, so ist dies wohl kaum richtig. Stellt man die Einheit des Bewusstseins, die transscendentale Apperzeption, in den Erkenntnisprozess hinein, wie es Kant in der 1. Aufl. tut, so muss es offenbar als die Bedingung des erkennenden Denkens überhaupt, als die Einheit schaffende Funktion im Vorstellungsverlauf überhaupt gefasst werden. Vgl. Hölder, 31.
⁵) Kr. 660 f.

Soll aber eine Verbindung von Vorstellungen im reinen Bewusstsein überhaupt möglich sein, so müssen die Vorstellungen, die Anschauungen die Fähigkeit haben, in das Bewusstsein einzugehen, d. h. sie müssen zum voraus seinen Regeln und Gesetzen entsprechen: diese aber sind nichts anderes als die Kategorien. Sie stellen die verschiedenen Arten dar, auf die das Bewusstsein die Vorstellungen verbindet, eben zur Bewusstseinseinheit zusammenschliesst. Denn die „Kategorien sind nichts anderes, als die Bedingungen des Denkens zu einer möglichen Erfahrung, so wie Raum und Zeit die Bedingungen der Anschauung zu eben derselben enthalten ... Die Möglichkeit aber, ja sogar die Notwendigkeit dieser Kategorien beruht auf der Beziehung, welche die gesamte Sinnlichkeit und mit ihr auch alle möglichen Erscheinungen auf die ursprüngliche Apperzeption haben, in welcher alles notwendig den Bedingungen der durchgängigen Einheit des Selbstbewusstseins gemäss sein, d. i. unter allgemeinen Funktionen der Synthesis stehen muss, nämlich der Synthesis nach Begriffen, als worin die Apperzeption allein ihre durchgängige und notwendige Identität a priori beweisen kann".[1]

Die Kategorien wurden früher als Einheitsfunktionen des Denkens bestimmt; nun aber beruht alle Einheit des Denkens auf der Einheit des reinen Selbstbewusstseins, auf der Einheit der transscendentalen Apperzeption, darum haben die Kategorien in dieser ihren letzten Grund. Wie die Bedeutung der Anschauungsformen Raum und Zeit darin besteht, dass überhaupt keine Anschauung, keine Vorstellung möglich ist als eben in ihnen und durch sie, so beruht der Wert der Kategorien darauf, dass alle Verknüpfung von Anschauungen zu Urteilen, zu Begriffen, ihnen gemäss sein muss; denn nur dann kann überhaupt eine solche Anschauungseinheit in das Bewusstsein eingehen. Es mag noch die verschiedensten Arten möglicher Verknüpfung geben, für uns giebt es nur diejenigen, die sich in den Kategorien darstellen; denn nur diese sind aus unserem Bewusstsein selbst, aus der seinem Wesen entsprechenden Einheitsfunktion, dem Urteil, abgeleitet.

Demnach muss alles, was Gegenstand, Objekt des Bewusstseins werden soll, bereits nach kategorialen Gesichtspunkten verknüpft und gestaltet sein. Alle Erscheinungen — denn nur

---

[1] Kr. 124.

solche giebt die Sinnlichkeit — müssen also, bevor sie noch in das Bewusstsein eintreten können, gesetzmässig verbunden sein, sei es nach dem Verhältnis von Ursache und Wirkung oder Substanz und Accidens oder nach irgend einer der anderen Kategorien.[1])

„Also stehen, so schliesst Kant, alle Erscheinungen in einer durchgängigen Verknüpfung nach notwendigen Gesetzen und mithin in einer transscendentalen Affinität, woraus die empirische die blosse Folge ist."[2]) Hier treffen wir nun wieder auf die Affinität, auf die objektive Regel in den Erscheinungen, die der Grund für die Gesetzmässigkeit unseres Vorstellens ist, und es erhebt sich endgiltig die Frage: woher stammt diese Gesetzmässigkeit, woher stammt diese objektive Verknüpfung der Erscheinungen?

Das Vermögen der Synthesis ist nach Kant die Einbildungskraft. Hatte diese aber bis jetzt nur den Charakter einer reproduktiven Kraft in der Konstruktion von Anschauungs- und Erinnerungsbildern gezeigt, so erscheint sie nunmehr als die produktive Einbildungskraft, als „ein Vermögen einer Synthesis a priori" und ihre Funktion als „die transscendentale Funktion der Einbildungskraft".[3]) Sie schafft in vorbewusster Tätigkeit nach den Regeln des Verstandes die kategoriale Gesetzmässigkeit in die Anschauungswelt hinein.

Gänzlich isolierte, unverknüpfte Anschauungen sind tatsächlich in unserem Bewusstsein niemals gegeben, sie sind immer schon irgendwie mit einander verbunden, und Grund dieser Synthese ist die Einbildungskraft. Schon in der Apprehension betätigt sie sich als gesetzgebende, ordnende Kraft und mit dem Fortschritt der apprehendierenden Tätigkeit schreitet auch sie höher und höher, bis sie in den Anschauungen die begriffliche Einheit zustande gebracht

---

[1]) „Alle möglichen Erscheinungen gehören, als Vorstellungen, zu dem ganzen möglichen Selbstbewusstsein. Von diesem aber, als einer transscendentalen Vorstellung, ist die numerische Identität unzertrennlich und a priori gewiss, weil nichts in das Erkenntnis kommen kann, ohne vermittelst dieser ursprünglichen Apperzeption. Da nun diese Identität notwendig in der Synthesis alles Mannigfaltigen der Erscheinungen, sofern sie empirische Erkenntnis werden soll, hineinkommen muss, so sind die Erscheinungen Bedingungen a priori unterworfen, welchen ihre Synthesis (der Apprehension) durchgängig gemäss sein muss — —" Kr. 125.
[2]) Kr. d. r. V. 125/126.
[3]) Kr. 132.

hat. Darum nennt Kant die Einbildungskraft „ein notwendiges Ingredienz der Wahrnehmung selbst".[1]

Nach den Normen der Kategorien, „den Kategorien gemäss"[2] geht also die synthetische Tätigkeit der Einbildungskraft durch den ganzen Erkenntnisprozess hindurch.[3] Sie stellt so ein Bindeglied zwischen Sinnlichkeit und Verstand dar; denn durch sie „bringen wir das Mannigfaltige der Anschauung einerseits mit der Bedingung der notwendigen Einheit der reinen Apperzeption andrerseits in Verbindung. Beide äussersten Enden, nämlich Sinnlichkeit und Verstand, müssen vermittelst dieser transscendentalen Funktion der Einbildungskraft notwendig zusammenhängen".[4]

Eigentümlich aber berührt es uns, wenn Kant die Einbildungskraft „der subjektiven Bedingung wegen, unter der sie allein den Verstandesbegriffen eine korrespondierende Anschauung geben kann, zur Sinnlichkeit" rechnet, wenn auch nur zum Teil,[5] oder wenn er gar sagt: „An sich selbst ist die Synthesis der Einbildungskraft, obgleich a priori ausgeübt, dennoch jederzeit sinnlich, weil sie das Mannigfaltige nur so verbindet, wie es in der Anschauung erscheint."[6] Hier kann offenbar Sinnlichkeit nicht im strengen Sinn gleich Rezeptivität verstanden sein; denn rezeptiv ist die Einbildungskraft nie, vielmehr ist sie das Vermögen der Synthesis κατ' ἐξοχήν. Sinnlich kann sie also nur heissen, insofern sie in der Sinnlichkeit wirkt und die aufgefassten (apprehendierten) sinnlichen Vorstellungselemente zusammenfasst; dagegen ist ihre Funktion intellektuell, wenn sie den sinnlichen Stoff nach den Gesichtspunkten der Kategorien formt. Die Apprehension muss, wie Kant sagt, zu der reinen Einbildungskraft hinzukommen,

---

[1] „Dass die Einbildungskraft ein notwendiges Ingredienz der Wahrnehmung selbst sei, daran hat wohl noch kein Psycholog gedacht. Das kommt daher, weil man dieses Vermögen teils nur auf Reproduktionen einschränkte, teils weil man glaubte, die Sinne lieferten uns nicht allein Eindrücke, sondern setzten solche auch sogar zusammen und brächten Bilder und Gegenstände zuwege, wozu ohne Zweifel ausser der Empfänglichkeit der Eindrücke noch etwas mehr, nämlich eine Funktion der Synthesis derselben erfordert wird." (Kr. 130, Anm.)

[2] Kr. 672.
[3] Vgl. Hölder 73.
[4] Kr. 133.
[5] Kr. 672.
[6] Kr. 133.

um ihre Funktion intellektuell zu machen.¹) Aber ihre Verwandtschaft mit dem intellektuellen Vermögen, mit dem Verstand, ist entschieden weit grösser als diejenige mit der Sinnlichkeit. Man könnte sie den in der Sinnlichkeit wirkenden Verstand nennen; denn sie ist „nichts anderes als der unbewusst arbeitende Verstand".²) Damit stimmt jene Definition der Einbildungskraft überein, in der Kant die tiefe Bedeutung dieses „Grundvermögens der menschlichen Seele"³) für sein erkenntnistheoretisches System charakterisiert: sie ist ihm „eine blinde, obgleich unentbehrliche Funktion der Seele, ohne die wir überall gar keine Erkenntnis haben würden, der wir uns selten nur einmal bewusst sind".⁴)

Ist aber alle Synthesis, die im Erkenntnisprozess notwendig wird, „die blosse Wirkung der Einbildungskraft, so fällt dem Verstande die Aufgabe zu, „diese Synthesis auf Begriffe zu bringen".⁵) Der Verstand bringt sich also die in vorbewusster Tätigkeit durch die Einbildungskraft in der Erscheinungswelt geschaffene Gesetzmässigkeit zum Bewusstsein und erhält dadurch die Kategorien, die „reinen Verstandesbegriffe". Wurden sie als die Funktionen des Verstandes bestimmt, so ist dieser Ausdruck nun dahin zu modifizieren, dass die Kategorien als Funktionen dem „unbewussten" Verstand oder der Einbildungskraft, die Kategorien als Begriffe dagegen dem „bewussten" Verstand angehören. Doch ist diese Scheidung bei Kant nicht streng durchgeführt, so wenn er vom Verstand spricht, „der selbst nichts weiter ist, als das Vermögen, a priori zu verbinden und das Mannigfaltige gegebener Vorstellungen unter die Einheit der Apperzeption zu bringen, welcher Grundsatz der oberste im ganzen menschlichen Erkenntnis ist".⁶)

Weshalb nun aber die Einbildungskraft bezw. der Verstand das Anschauungsmaterial gerade nach diesen Einheitsbeziehungen,

---

¹) Kr. 133. Vgl. K. Fischer, Kant I, 414. Wenn Hölder (S. 47) erklärt, „dass die Einbildungskraft weder ganz noch teilweise zur Sinnlichkeit gehören kann", so widerspricht dies den angeführten Stellen direkt. Dass freilich die Einbildungskraft nicht der Sinnlichkeit im engsten Sinne gleich Rezeptivität angehört, zeigt ihre ganze Stellung bei Kant. Indessen ist zu bemerken, dass Kant diesen strengen Sinn der Sinnlichkeit auch sonst nicht voll zu wahren vermochte: die Raum- und Zeitform legen oftmals den Gedanken an Funktionen der Sinnlichkeit mehr als nahe.

²) Hölder 19. Vgl. Vaihinger, Komm. I, 486.
³) Kr. 133.
⁴) Kr. 95.
⁵) Kr. 95.
⁶) Kr. 661.

gerade nach diesen Kategorien verbindet und ordnet, dafür „lässt sich ebensowenig ferner ein Grund angeben als warum wir gerade diese und keine andere Funktionen zu Urteilen haben, oder warum Zeit und Raum die einzigen Formen unserer möglichen Anschauung sind".[1] —

Die Tatsache und der Grund der Möglichkeit einer Verbindung der beiden Erkenntnisfaktoren: Anschauung und Begriff (Kategorie) ist nun dargelegt. Die Kategorien gelten deshalb von den Erscheinungen und haben Anwendung auf dieselben, weil nach den Regeln, wie sie sich in den Kategorien darstellen, die Erscheinungswelt von Anfang an konstruiert wurde: die Anschauungs- bezw. Erscheinungswelt ist nach den Regeln des Verstandes gebildet, darum müssen die Regeln, die der Verstand in sich trägt, mit den Regeln der Erscheinungswelt übereinstimmen, d. h. die Kategorien gelten von den Erscheinungen, und zwar gelten sie unbedingt und von allen Erscheinungen, weil die Kategorien diese als Gegenstände einer möglichen Erfahrung selbst erst ermöglichen.

Mit diesem Resultat ist Ziel und Zweck der „Transscendentalen Deduktion der reinen Verstandesbegriffe" erreicht. Kant nennt diese Deduktion das Schwierigste, das jemals zum Behufe der Philosophie geleistet worden sei. „Sie ist die Darstellung der reinen Verstandesbegriffe ... als Prinzipien der Möglichkeit der Erfahrung, dieser aber, als Bestimmung der Erscheinungen in Raum und Zeit überhaupt — endlich dieser aus dem Prinzip der ursprünglichen synthetischen Einheit der Apperzeption, als der Form des Verstandes in Beziehung auf Raum und Zeit, als ursprüngliche Formen der Sinnlichkeit".[2] Er bestimmt sie auch als „die Erklärung der Art, wie sich Begriffe a priori auf Gegenstände beziehen" und unterscheidet sie von der empirischen Deduktion, „welche die Art anzeigt, wie ein Begriff durch Erfahrung und Reflexion über dieselbe erworben worden".[3] Die erstere hat die Rechtmässigkeit, die letztere das Faktum der Anwendung apriorischer Begriffe auf Gegenstände, d. h. Erscheinungen, zu erweisen.

Als Resultat der Deduktion nennt Kant am Schluss derselben in der 1. Aufl. der Kritik der reinen Vernunft (1781): „Der reine Verstand ist also in den Kategorien das Gesetz der synthetischen Einheit aller Erscheinungen und macht dadurch Erfahrung ihrer

---

[1] Kr. 668.
[2] Kr. 683.
[3] Kr. 104.

Form nach allererst und ursprünglich möglich. Mehr aber hatten wir in der transscendentalen Deduktion der Kategorien nicht zu leisten, als dieses Verhältnis des Verstandes zur Sinnlichkeit, und vermittelst derselben zu allen Gegenständen der Erfahrung, mithin die objektive Gültigkeit seiner reinen Begriffe a priori begreiflich zu machen und dadurch ihren Ursprung und Wahrheit festzusetzen".[1]) In diesen Worten scheint nicht bloss das Programm der Deduktion, sondern das der ganzen Kritik dargelegt zu sein.[2])

Doch weichen die verschiedenen Fassungen der Deduktion in der 1. und 2. Auflage der Kritik und der Prolegomena nicht unerheblich von einander ab.[3]) Da er aber in den „Prolegomena zu einer jeden künftigen Metaphysik, die als Wissenschaft wird auftreten können" (1783), öfters auf die Deduktion der Kr. d. r. V. verweist und deren Methode als die eigentlich sichere kennzeichnet, so kann hier die Frage nur darauf gehen, was in den Deduktionen der beiden Auflagen der Kritik Prinzip der Beweisführung sei, und welches der methodische Weg, der von diesem Prinzip zu den Einzelresultaten hinführe. — Der methodische Weg ist der synthetische, d. h. Kant setzt aus den Erkenntniselementen die Erkenntnis selbst zusammen.[4]) — Das Prinzip der Deduktion ist das der „Möglichkeit der Erfahrung", die ihrerseits in enger Beziehung zur transscendentalen Apperzeption steht; denn auf der letzteren beruht alle Möglichkeit der Erfahrung; sie ist erste Bedingung einer erfahrungsmässigen Erkenntnis. —[5])

Gegen eine absolute Skepsis ist kein anderer Beweis zu erbringen, als dass wir auf unser unauslöschliches und unabweisbares Bewusstsein, Erkenntnis zu haben, rekurrieren. Wenn sich aber die Möglichkeit einer allgemeingültigen Erkenntnis darthun lässt, so ist eben jenes Bewusstsein Beweis genug für deren Wirklichkeit. Darum kann die Möglichkeit der Erkenntnis, die „Möglichkeit der Erfahrung" wohl als Prinzip fungieren, wie es

---

[1]) Kr. 136.
[2]) Vgl. Adickes, Kantst. I, 178.
[3]) Die Prolegomenen setzen die Erfahrungswissenschaft voraus und beweisen von hier aus die Kategorien als deren notwendige Bedingung. In der ersten Auflage tritt vor allem die psychologische Einkleidung hervor, die in der zweiten Auflage weggelassen ist. Sonst ist im wesentlichen ihr Gedankengang derselbe. Vgl. Riehl, Kritizismus I, 374.
[4]) Wie er zu den Erkenntniselementen gelangt, wird bei der Behandlung des a priori und seiner Entdeckung des näheren dargelegt werden.
[5]) Vgl. Kr. 124.

in der Deduktion der reinen Verstandesbegriffe geschieht. Kant schliesst: Soll Erfahrung (dieses Wort im strengen Sinn gleich zu einem notwendigen Zusammenhang im Bewusstsein verknüpfte Vorstellungen von Gegenständen gebraucht) möglich sein, so müssen Gesetze wie Kausalität u. ä., d. h. die Kategorien, von den Gegenständen der Erfahrung gelten, und zwar notwendig, a priori, gelten; dies aber kann, psychologisch betrachtet, nur der Fall sein, wenn der Zusammenhang der Erfahrungswelt allererst nach den Normen der Kategorien geschaffen wird. Dies aber wiederum ist nur möglich, wenn die verknüpften Gegenstände, die Erfahrungsobjekte, nicht Dinge an sich, sondern Erscheinungen sind. Die „Möglichkeit der Erfahrung" schliesst also sowohl ein objektives als ein subjektives Moment in sich.[1])

5. Kapitel.
Die Anwendung der Kategorien auf Gegenstände (das transscendentale Schema) bei Kant.

Die transscendentale Deduktion hat die Kategorien als Prinzipien einer möglichen Erfahrung erwiesen und gezeigt, dass sie auf die Erscheinungen Anwendung finden, weil ihre Gesetzmässigkeit mit den Gesetzen des Verstandes zusammenstimmt. Denn die „Ordnung und Regelmässigkeit an den Erscheinungen, die wir

---

[1]) Wenn nach Riehl und ebenso nach Cohen die „Möglichkeit der Erfahrung" im objektiv-logischen Sinn zu verstehen, die Geltung der Kategorien nur die logische Voraussetzung der Möglichkeit der Erfahrung ist, und Kant keine subjektiv-psychologische Begründung und Erklärung dieser logischen Voraussetzung geben will, so spricht dagegen vor allem die ganze Schilderung der Tätigkeit der Einbildungskraft in der 1. Aufl. der Kritik z. B. vgl. Kr. 126, 134. Wenn darum Riehl (Kantst. IX, 517) bemerkt: „Kant gebraucht diesen Ausdruck („Möglichkeit der Erfahrung") durchweg im objektiven, nicht im subjektiven Sinne", so scheint ein Gegensatz hereingetragen, den Kant — wenigstens in dieser Schärfe — nicht aufgestellt hat. Dagegen legt Vaihinger, Komm. II, 174 den Hauptwert auf die subjektive Seite jenes Ausdrucks und will in der Deduktion der reinen Verstandesbegriffe diese allein gelten lassen. Hierbei ergibt sich jedoch die Schwierigkeit, dass, wenn die „Möglichkeit der Erfahrung" bloss subjektiv als die subjektive Möglichkeit, die zu einer Erfahrung notwendigen Funktionen zu vollziehen, gefasst wird, die Allgemeingültigkeit der Erkenntnis in der Luft schwebt; denn die Allgemeingültigkeit muss doch einen tieferen Grund haben als die subjektive Notwendigkeit. Dieser letztere Punkt wird indess später noch zu behandeln sein.

Natur nennen, bringen wir selbst hinein und würden sie auch nicht darin finden können, hätten wir sie nicht, oder die Natur unseres Gemütes, ursprünglich hineingelegt".[1]) Wie aber näherhin diese Anwendung möglich ist, das ist damit noch nicht gesagt. Die Kategorien als reine Verstandesbegriffe scheinen doch von den Anschauungen so sehr verschieden zu sein, dass eine unvermittelte Anwendung nach Kants Auffassung nicht möglich ist. Die Allgemeinheit jener Begriffe als Begriffen von Gegenständen überhaupt erfordert eine Vermittelung, wenn sie Begriffe von bestimmten Gegenständen der Erfahrung werden sollen.[2]) Diese Vermittelung übernimmt „das transscendentale Schema".[3]) Dieses besteht in „der transscendentalen Zeitbestimmung, welche als das Schema der Verstandesbegriffe, die Subsumtion der letzteren (der Erscheinungen) unter die erste (die Kategorie) vermittelt".[4])

Die Zeit ist einerseits als allgemeine und apriorische Form mit der Kategorie, andererseits aber, weil in jeder empirischen Vorstellung enthalten, mit der Erscheinung gleichartig und eben deswegen geeignet, als Mittelglied zwischen Kategorie und Anschauung zu treten. Dadurch, dass die Zeit durch die Kategorien, die Erfahrungsgegenstände durch die Zeit bestimmt sind, erlangt die Kategorie Anwendbarkeit auf die Erfahrung.

Das Schema ist nun eine Art Bild, das den Begriff begleitet, aber es ist allgemeiner als ein sinnliches Anschauungsbild, es ist „mehr die Vorstellung einer Methode, einem gewissen Begriff gemäss eine Menge (z. E. Tausend) in einem Bilde vorzustellen, als dieses Bild selbst".[5]) Die Anschauungsbilder haben etwas Konkretes, Bestimmtes an sich, das dem Schema fehlt. Das Schema ist gewissermassen die allgemeine Form des Anschauungsbildes, der reine Verstandesbegriff die allgemeine Form des Schemas.

---

[1]) Kr. 134.
[2]) Vgl. Cohen, Kants Theorie der Erf. 338.
[3]) Kr. 142|143: „Nun ist klar, dass es ein Drittes geben müsse, was einerseits mit der Kategorie, andrerseits mit der Erscheinung in Gleichartigkeit stehen muss, und die Anwendung der ersteren auf die letzte möglich macht. Diese vermittelnde Vorstellung muss rein (ohne alles Empirische) und doch einerseits intellektuell, andrerseits sinnlich sein. Eine solche ist das transscendentale Schema."
[4]) Kr. 143.
[5]) Kr. 144.

Wie das Anschauungsbild ist auch das Schema „jederzeit nur ein Produkt der Einbildungskraft".[1]) Es zeigt sich hier wieder die vermittelnde Stellung der Einbildungskraft zwischen Sinnlichkeit und Verstand.

Die einzelnen Schemate sind nach Kategorien geordnet: Zahl (Qualität), Grad in der Empfindung (Realität), Beharrlichkeit in der Zeit (Substanz), Succession nach einer Regel (Kausalität), Zugleichsein (Gemeinschaft), Dasein in irgend einer Zeit (Möglichkeit), Dasein in einer bestimmten Zeit (Wirklichkeit), Dasein eines Gegenstandes zu aller Zeit (Notwendigkeit).[2] „Die Schemate, so schliesst Kant ihre Aufzählung, sind daher nichts als Zeitbestimmungen a priori nach Regeln, und diese gehen nach der Ordnung der Kategorie auf die Zeitreihe, den Zeitinhalt, die Zeitordnung, endlich den Zeitbegriff in Ansehung aller möglichen Gegenstände."[3])

Die Lehre „von dem Schematismus der reinen Verstandesbegriffe" vollendet damit die Aufgabe der Deduktion, indem sie das Wie der Anwendbarkeit der reinen Verstandesbegriffe auf Anschauungen erklärt. Sie führt aber zugleich hinüber zu „dem System der Grundsätze des reinen Verstandes". Diese stellen gewissermassen die Kategorien in ihrer Anwendung dar. Für ihre Charakteristik mag ein Wort Überwegs genügen: „Die Grundsätze des reinen Verstandes sind die Regeln des objektiven Gebrauchs der Kategorien",[4]) dem ein solches von Windelband noch erklärend zur Seite treten kann: „Jeder dieser Grundsätze enthält nichts anderes als das Urteil, dass die betreffende Kategorie

---

[1]) Kr. 144.

[2]) Kr. 145 ff. Vgl. Riehl, Kritizismus I, 403; Überweg-Heinze, Gesch. d. Philos. III, 328.

[3]) Kr. 147. Von dem Schematismus handelt Kant auch in einem Brief an Tieftrunk vom 11. Dezember 1797 (XII, 233). Es ist bemerkenswert, wie in der Lehre vom Schematismus die Zeitvorstellung, die ja sonst der Raumvorstellung ganz parallel behandelt wird, hervortritt. — Ob die Schemate notwendig (vgl. Überweg-Heinze, III, 328 Anm.), ob sie, wie Riehl (Kritiz. I, 402) glaubt, Begriffe im eigentlichen Sinn seien und was darüber hinausliege nur noch das Wort, das diese Vorstellungen bezeichnet, aber keine für sich fassbare Vorstellung mehr bedeute, kann hier nicht weiter untersucht werden. Simmel (Kantst. I, 422) bezeichnet die Lehre vom Schematismus als eine Theorie der Induktion und wohl nicht mit Unrecht.

[4]) Gesch. d. Philos. III, 328.

oder Kategorienklasse auf jede Erscheinung ihre Anwendung zu finden habe".[1]

Der ganze Prozess der Erkenntnis, in dem die Einbildungskraft als die synthetische, wirkende Macht — das reine Selbstbewusstsein, die transscendentale Apperzeption, als der bleibende, einheitliche Hintergrund erscheint, und dessen Analyse sind nunmehr zu einem gewissen Abschluss gelangt, und ein Rückblick zeigt, in wie wenigen Punkten hier eine Parallele zwischen Kant und Aristoteles hergestellt werden kann — und dennoch besteht ein enger Zusammenhang: Kants System ist zeitlich später, logisch früher als das aristotelische, weil die Voraussetzung des letzteren. Aristoteles beginnt mit der Voraussetzung der Möglichkeit und Wirklichkeit einer allgemeingültigen Erkenntnis; und er zeigt, wie im Einzelnen der Erkenntnisprozess von Stufe zu Stufe fortschreitet, bis der Höhepunkt in der Erfassung des unwandelbaren, bleibenden Seins der Dinge erreicht ist. Das Problem Kants dagegen ist die Möglichkeit der Erkenntnis. Er fragt nach dem tiefsten Grund und den Bedingungen dieser Möglichkeit, und nachdem er die Elemente gefunden hat, welche die Erkenntnis konstituieren müssen, falls es überhaupt eine solche geben soll, gestaltet er die Erkenntnis aus diesen Elementen; doch geht dies letztere nur mehr oder weniger nebenher. Aufgabe der Kritik war es in erster Linie, eine Grundlage und nicht ein System zu schaffen; aber das System ist implicite in ihr enthalten. — An dem Punkte, an welchem Kant aufhörte, setzt die aristotelische Untersuchung ein: bei dem Beweis bezw. der Voraussetzung der Möglichkeit und Wirklichkeit der Erkenntnis.

6. Kapitel. (Anhang.)
Das a priori bei Kant.

In der ganzen Kritik der reinen Vernunft und im ganzen System Kants spielt der Begriff des „a priori" eine so gewichtige Rolle, dass die Frage nach der Bedeutung desselben nicht umgangen werden kann.

Der Gegensatz von a priori und a posteriori geht in letzter Linie auf Aristoteles zurück, und zwar bedeutet a priori zunächst die Erkenntnis der Dinge aus ihren Ursachen, a posteriori die-

---

[1] Gesch. d. neueren Philos. II, 81.

jenige aus den Wirkungen. Später wurde a posteriori der Terminus für alle Erfahrungserkenntnis, während apriorische Erkenntnis der Vernunfterkenntnis gleichgesetzt wurde.

Bei Kant erlangten die beiden Begriffe wieder hohes Ansehen, vor allem durch seine Scheidung von Form und Stoff, Verstand und Sinnlichkeit. A priori — a posteriori deckt sich bei ihm geradezu mit diesen Begriffspaaren. Alles, was Form der Erkenntnis ist, bezw. auf dieselbe Bezug hat, ist a priori; was dagegen in der Erkenntnis Materie heisst oder sich auf sie bezieht, ist a posteriori. Infolgedessen wird der Begriff a priori teilweise in eine ganz neue Sphäre gerückt, während das a posteriori die Bedeutung der Erfahrungs- und daher zufälligen Erkenntnis beibehält.

Hatte bisher auch die Anwendung eines allgemeinen Erfahrungssatzes auf einen bestimmten Fall als a priori gegolten, so will Kant jetzt „unter Erkenntnissen a priori nicht solche verstehen, die von dieser oder jener, sondern die schlechterdings von aller Erfahrung unabhängig stattfinden".[1]

Wie nun aber näherhin Kant dieses a priori aufgefasst habe bezw. aufgefasst wissen wolle: ob zeitlich oder logisch, psychologisch oder transscendental, darüber herrscht bis heute Streit. Die Frage ist die: versteht Kant unter a priori eine Bewusstseinserscheinung, forscht er nach ihrem Ursprung, bedeutet es gar ein zeitliches Vorhergehen im Bewusstsein oder aber fragt er nur nach dem Erkenntniswert? Bedeutet ihm a priori alles, was Bedingung der Möglichkeit der Erfahrung ist, und beschränkt sich dessen Bedeutung wirklich hierauf?

Zunächst, was sagt Kant selbst über sein „a priori"? In der Einleitung zur 1. Aufl. der Kritik heisst es: „Solche allgemeine Erkenntnisse nun, die zugleich den Charakter der Notwendigkeit haben, müssen von der Erfahrung unabhängig vor sich selbst klar und gewiss sein; man nennt sie daher Erkenntnisse a priori."[2] Dann spricht er von Erkenntnissen, „die ihren Ursprung a priori haben müssen und die vielleicht nur dazu dienen, um unseren Vorstellungen der Sinne Zusammenhang zu verschaffen." Das hier angeführte Kriterium der Erkenntnis a priori: dass sie „vor sich selbst klar und gewiss" sei, wird sonst nirgends mehr genannt, und so ist demselben jedenfalls nicht viel Wert beizulegen. Da-

---

[1] Kr. 648.
[2] Kr. 34.

gegen ist der Charakter der Notwendigkeit und Allgemeingültigkeit mit dem Kantischen a priori wesentlich verbunden. „Notwendigkeit und strenge Allgemeingültigkeit sind sichere Kennzeichen einer Erkenntnis a priori und gehören auch unzertrennlich zu einander."[1])

A priori ist vor allem das, was die notwendige Voraussetzung einer allgemeingültigen Erkenntnis ist, d. h. die Anschauungs- und Denkformen. Beide sind nicht von der Erfahrung entlehnt, sie „liegen im Gemüte bereit", „gehen vor dem Objekte, vor der Erfahrung vorher". Dass aber damit nicht ein wirklich zeitliches Vorhergehen, ein Bereitliegen als fertige Form gemeint ist, zeigt eine Stelle in der transscendentalen Erörterung des Begriffs vom Raum, wo es heisst: „Wie kann eine äussere Anschauung dem Gemüte beiwohnen, die vor den Objekten selbst vorhergeht und in welcher der Begriff der letzteren a priori bestimmt werden kann?"[2]) Und er antwortet auf diese Frage: „Offenbar nicht anders als sofern sie bloss im Subjekte, als die formale Beschaffenheit desselben, von Objekten affiziert zu werden und dadurch unmittelbare Vorstellung derselben, d. i. Anschauung zu bekommen, ihren Sitz hat, also nur als Form des äusseren Sinnes überhaupt." Diese Stelle zeigt, wie die von Kant scheinbar ganz klar ausgesprochene zeitliche Priorität der apriorischen Formen in nichts zerfliesst.

Während Vaihinger[3]) das „a priori" psychologisch fasst, verstehen Riehl[4]) und Cohen dasselbe logisch-transscendental: a priori ist das, „was der Ordnung der Begriffe nach zur Begründung der Erkenntnis vorauszusetzen ist";[5]) es „bedeutet im transscendentalen Sinn nur den Erkenntniswert".[6])

Jedenfalls ist in der Subjektivität, in der subjektiven Notwendigkeit das a priori nicht erschöpft; denn Kant verwahrt sich ausdrücklich dagegen, dass etwa auch die Sinnesqualitäten a priori heissen sollten.[7]) Somit scheint der Geltungswert über die Apriorität zu entscheiden und es müsste diese also logisch-transscendental gefasst werden.

---

[1]) Kr. 649.
[2]) Kr. 54.
[3]) Komm. II, 170 ff.
[4]) Vgl. Kantst. IX, 267; 503, wo er den in seinem „Kritizismus" eingenommenen Standpunkt festhält.
[5]) Riehl, Kantst. IX, 503.
[6]) Cohen, Kants Theorie d. Erf. 584.
[7]) Kr. 56.

Aber völlig hat Kant das Psychologische nicht vermeiden können und wohl auch nicht vermeiden wollen. Hinter jeder Bestimmung des a priori als „nicht aus der Erfahrung stammend" lauert die Frage: Woher kommt dann die apriorische Form? Und die Antwort kann nur lauten: Aus dem menschlichen Geist. Die Begriffe sind zwar nicht angeboren — die Annahme von angeborenen Begriffen nennt er eine „Philosophie der Faulen" (philosophia pigrorum)[1] — sondern (ursprünglich) erworben,[2] wie Kant selbst sagt, aber das „Gemüt", das er nun einmal zu einem gewissen, wenn auch noch so unbestimmten Träger von Tätigkeiten und Qualitäten macht, muss gewisse Bedingungen und Dispositionen für die Entstehung von apriorischen Erkenntnissen in sich tragen, die ihrerseits angeboren sind.[3] So lässt sich wohl von solchen Anlagen sagen, sie seien früher als die Erkenntnis selbst; die apriorischen Begriffe aber entstehen erst in und mit der Erfahrung, wo sich jene Dispositionen in entsprechenden Funktionen äussern.[4]

Als blosse Reaktionserscheinungen hat Kant die apriorischen Erkenntnisse nicht gefasst; denn hätte er die Formen „durch eine subjektive Reaktion auf die Vorstellungsinhalte entstehen"[5] lassen, so hätte die Rezeptivität bezw. Passivität der Sinnlichkeit und die Unterscheidung von Sinnlichkeit und Verstand überhaupt fallen müssen; denn in diesem Falle sind alle Formen eben Reaktionen eines und desselben Subjekts. Fasst man das a priori als „in der geistigen Organisation begründet", so bleibt die Schwierigkeit, weshalb denn Kant den Sinnesqualitäten die Geltung abgesprochen hat, die er den Anschauungsformen zuschrieb, bestehen. Denn die ersteren scheinen doch ebenso sehr in der menschlichen Organisation ihren Grund zu haben, wie Raum und Zeit, welche ja, was ihren Ursprung betrifft, nicht minder subjektiv sind als Geschmack und Farben,

Kant deutet aber wohl eine Lösung an, wenn er (allerdings nur in der 1. Aufl.) sagt: „Geschmack und Farben . . . sind nur

---

[1] Diss. Sect. III, Schl. II, 406.
[2] Brief Kants an Kosmann, Sept. 1789; XI, 79 ff.
[3] Dass „Erkenntnisse, die nicht aus der Erfahrung abzuleiten sind, weil sie mehr behaupten, als reine Erfahrung lehren kann, auf irgend eine Art dem denkenden Subjekt entstammen, also subjektiv a priori sein müssen", giebt auch Riehl zu (Kantst. IX, 267).
[4] Kr. 54.
[5] Gomperz, Methodologie, 243.

als zufällig beigefügte Wirkungen der besonderen Organisation mit der Erscheinung verbunden."¹) Damit stellt er offenbar diese sogenannten Sinnesqualitäten als „Wirkungen der besonderen Organisation" dem Raum und der Zeit als Wirkungen einer allgemeinen, notwendigen Organisation gegenüber. Die Anschauungsformen, wie auch die Kategorien, hätten dann ihren letzten Grund in einer überindividuellen, geistigen Organisation (Windelband), woraus sich ihre Allgemeingültigkeit und Notwendigkeit erklären liesse.

Und auf Kantischem Standpunkte scheint wirklich diese Konsequenz unvermeidlich; denn sind Raum und Zeit wirklich bloss subjektiv, so kann von einer im Lauf der Entwickelung erfolgten Anpassung der physisch-psychischen Organisation des Menschen an die räumlich-zeitliche Wirklichkeit nicht gesprochen werden.²)

Damit wäre auch die Objektivität des „a priori" gewahrt. Dann ist es nicht bloss der subjektive Ursprung, der das „a priori" vom „a posteriori" unterscheidet, nicht bloss die relative Notwendigkeit, dass ich kraft meiner subjektiven Organisation so anschauen, die Anschauungen in dieser Weise verknüpfen muss, es ist ein allgemeines Bewusstsein, eine transscendentale Apperzeption, die allem individuellen Bewusstsein zu Grunde liegt und dieses erst möglich macht. Das eigentümliche Verhältnis von Objektivität und Subjektivität im Kantischen System würde dadurch eine befriedigende Lösung finden: das individuelle Gesetz ist Ausfluss des allgemeinen Gesetzes.³) Darum sind Raum und Zeit, die Kategorien, das Prinzip der „Möglichkeit der Erfahrung" subjektiv und objektiv zugleich. — Aber freilich, es ist nur eine Konsequenz, es ist nicht Kants ausgesprochener Gedanke.

Eine Frage bleibt aber noch: Wie kommen wir zur Kenntnis der apriorischen Elemente? — Zunächst scheint es, als müsste das „a priori" selbst wieder auf irgend eine apriorische Weise, d. h. ohne Zuhilfenahme innerer oder äusserer Erfahrung erkannt werden. Und dann bliebe wohl kein anderes Mittel übrig, als einen gewissen intuitus intellectualis, eine intellektuelle Anschauung anzunehmen. Aber Kants Ansicht war dies sicherlich nicht; denn er eifert mit aller Macht gegen die Vermengung von Sinnlichkeit

---

¹) Kr. 56. A. 28—29.
²) Vgl. Maier, Kantst. III, 38/39.
³) Michelis.

und Verstand, von Anschauen und Denken. Anschauung kommt nur der Sinnlichkeit zu.

Aber es ist offenbar auch nicht notwendig, das a priori selbst wieder irgendwie a priori zu erkennen. „Will man wissen, sagt Kant,[1] wie reine Verstandesbegriffe möglich seien, so muss man untersuchen, welches die Bedingungen a priori seien, worauf die Möglichkeit der Erfahrung ankommt, und die ihr zu Grunde liegen, wenn man gleich von allem Empirischen der Erscheinungen abstrahiert." Der Sinn ist offenbar der, dass die empirischen Elemente durch Zergliederung der Erfahrung erkannt werden. Denn bei dieser Analyse stösst man auf Elemente, die unmöglich selbst wieder aus der Erfahrung stammen können; stammen sie aber nicht aus der Erfahrung und werden sie vollends als notwendige Bedingung jeder Erfahrung erkannt, so ist ihre Apriorität gegeben. Voraussetzung dabei ist freilich, dass Notwendigkeit unmöglich aus der Erfahrung bezw. Wahrnehmung stammen könne und dass die Empfindungen als die Materie der Erfahrung von sich aus jeder Ordnung entbehren.[2]

Derselbe Gedanke liegt wohl auch zu Grunde, wenn Kant[3] sagt, dass wir den Zusatz zur Erfahrung, „den unser eigenes Erkenntnisvermögen hergiebt, von jenem Grundstoff nicht eher unterscheiden, als bis lange Übung uns darauf aufmerksam und zur Absonderung desselben geschickt gemacht hat"; ebenso, wenn er erklärt:[4] „In Ansehung des Raumes ist es nicht nötig zu fragen, wie unsere Vorstellungskraft zuerst zu dessen Gebrauch in der Erfahrung gekommen sei; es ist genug, dass, da wir ihn einmal entwickelt haben, wir die Notwendigkeit, ihn zu denken, ihn mit diesen und keinen anderen Bestimmungen zu denken, aus den Regeln seines Gebrauches und der Notwendigkeit, die Gründe derselben unabhängig von der Erfahrung anzugeben, beweisen können."[5]

---

[1] Kr. 113.
[2] Kr. 124.
[3] Kr. 647.
[4] Brief an Kosmann. Sept. 1789. Akad. Ausg. XI, 79.
[5] Ähnlich Kr. 87. Die Ansicht der Dissert. wurde schon früher dargelegt. Vgl. dazu Refl. 513. Klar ausgesprochen in den Prolegomena § 39, IV, 322|23. Dagegen stehen allerdings Aussprüche wie: „Jene (die reine Form des Raumes und der Zeit) können wir allein a priori, d. i. vor aller wirklichen Wahrnehmung erkennen." Aber diese treten doch vor den ersteren zurück.

Cohen scheint darum im Sinne Kants zu sprechen, wenn er sagt: „Was a priori gelten will, braucht nicht a priori entdeckt zu sein."[1]

Kant gelangte wohl auf analytischem Wege, d. h. durch Analyse jener Bewusstseinszustände, die mit dem Anspruch, allgemeingültige Erkenntnis zu sein, auftreten, und durch Abstraktion von allem Empirischen, von allem, was zur Empfindung gehört, zu den apriorischen Elementen, und es ist kaum denkbar, dass er sich des Weges nicht bewusst war, der ihn zu seinem a priori geführt hat.

III. Teil.
Der Erkenntnisbegriff.
(Zusammenfassung.)

„Erkenntnis" ist nach Kant „ein Ganzes verglichener und verknüpfter Vorstellungen".[2] Ihrem Inhalt bezw. ihrer Zusammensetzung nach stellt sie also einen Komplex von Vorstellungen dar, die durch Vergleichung und Verknüpfung zu einer inneren Einheit, zu einem organischen Ganzen zusammengewachsen sind. Dies ist jedoch nur die eine Seite; denn nach einer andern Definition besteht Erkenntnis „in der bestimmten Beziehung gegebener Vorstellungen auf ein Objekt".[3] Erkenntnis im Kantischen Sinn ist demnach einerseits ein logisches Gebilde, ein Urteil — denn die organische Verknüpfung von Vorstellungen erfolgt im Urteil — andererseits aber ist ein blosser Vorstellungskomplex, herausgelöst aus jedem Zusammenhang mit den vorgestellten Gegenständen, noch keine Erkenntnis, sondern ein leeres Phantasiegebilde: zu wirklicher Erkenntnis ist die Beziehung des Vorstellungskomplexes auf ein Objekt notwendig. Erkennen ist gegenständliches Denken, gegenständliches Urteilen.

Dieselbe Bedeutung — äusserlich betrachtet — hat das Wort „Erkenntnis" (ἐπιστήμη, ἐπίστασθαι, εἰδέναι) auch bei Aristoteles. Gleichwohl besteht ein tiefgreifender Unterschied, der sich in folgenden Sätzen scharf ausspricht. Kant erklärt: „Alsdann sagen wir: wir erkennen den Gegenstand, wenn wir in dem Mannigfaltigen

---

[1] Theorie d. Erf., 257.
[2] Kr. 114.
[3] Kr. 682.

der Anschauung synthetische Einheit bewirkt haben."[1]) Nach Aristoteles dagegen erkennen wir ein Ding, ὅταν τὸ τί ἦν εἶναι ἐκείνῳ γνῶμεν[2]) oder ἐπίστασθαι δὲ οἰόμεθ' ἕκαστον ἁπλῶς ... ὅταν τὴν αἰτίαν οἰώμεθα γιγνώσκειν δι' ἣν τὸ πρᾶγμά ἐστιν.[3]) Der Unterschied ist jedoch ein innerer, nicht ein äusserer; denn Kant bestimmt die Erkenntnis, ganz übereinstimmend mit Aristoteles, auch als die „Vorstellung eines gegebenen Objekts als eines solchen durch Begriffe".[4]) Nach dem Aristotelischen System braucht der Geist nur das Bild der äusseren Weltwirklichkeit, die ihm durch die Sinne gegeben ist, in sich aufzunehmen und dann aus sich selbst heraus gewissermassen zu reproduzieren, während nach Kant der Geist nur einen rohen Stoff vorfindet, den er formen und gestalten muss, so dass an dem entstandenen Erkenntnisbild die subjektive Zutat einen ganz erheblichen Teil ausmacht. Ohne diese Zutat würde die ganze Gesetzmässigkeit in der Bildung und Verbindung der Vorstellungen, die doch das eigentlich konstituierende Moment in der Erkenntnis ausmacht, fehlen. Der Unterschied zwischen Aristotelischer und Kantischer Auffassung des Erkenntnisbegriffs muss sich also vor allem auf die Verschiedenheit in der Bestimmung des Objekts, des Gegenstandes gründen. Für beide ist er „gegeben", aber der Sinn dieses Gegebenseins ist nicht der gleiche.

Beide sind der Überzeugung, dass eine Erkenntnis, die mit Recht diesen Namen führen soll, notwendig und allgemeingültig sein müsse, ebenso dass eine solche Notwendigkeit und Allgemeingültigkeit niemals aus der Erfahrung, der Wahrnehmung stammen könne. In diesem Sinne ist auch für Kant die Notwendigkeit eine Voraussetzung, d. h. soll es eigentliche Erkenntnis geben, so muss sie das Merkmal der Notwendigkeit an sich tragen. Während nun aber Aristoteles die Tatsache einer allgemeingültigen Erkenntnis nie bezweifelt hat, muss Kant diese Tatsache — wenigstens formell — zum Problem machen.

Kann aber das Bewusstsein der Notwendigkeit, mit der wir gewisse Vorstellungen auf einen Gegenstand, auf ein Etwas ausser uns beziehen, nicht aus der Erfahrung stammen, so muss es auf irgend eine andere Weise erklärt werden. Nach Aristoteles ist es

---

[1]) Kr. 119.
[2]) 1031, b, 6.
[3]) 71, b, 9.
[4]) Brief an Beck v. 20. Jan. 1792 (XI, 302).

der νοῦς, der in und durch die Erfahrung das Notwendige und Bleibende, das allem Wechsel der Erscheinungen zugrunde liegt, und damit auch die notwendigen Beziehungen der Objekte unter einander erfasst. Dass aber unsere Vorstellungen notwendig von den Dingen gelten, das beruht darauf, dass die Dinge das Primäre, die Vorstellungen erst das Sekundäre sind — allerdings mit der Einschränkung, dass das Denkvermögen schon vor der Einwirkung der Dinge der Möglichkeit nach die Vorstellungen in sich enthält, die dann durch die Affektion seitens der Dinge zur Aktualität geführt und zu aktuellen Vorstellungen werden. Die Wesensform des Dinges wirkt auf das erkennende Subjekt, wodurch in diesem ein adäquates Abbild jener Wesensform entsteht. Darum hat die Vorstellung bezw. der Begriff notwendige Beziehung auf die Dinge: der Begriff ist mit der Wesensform (logisch) identisch. Der Begriff ist also zwar aus der Erfahrung geschöpft, auf ihre Anregung hin entstanden, aber er ist nicht das Produkt der Erfahrung allein.

Leibniz hatte das Problem dadurch zu lösen gesucht, dass er zwischen den Monaden, die er als die konstituierenden Elemente des ganzen Universums annahm, nur eine harmonia praestabilita, nicht einen influxus physicus gelten liess. Die Monaden sind insgesamt vorstellende Wesen, so dass zwischen Geist und Materie nur ein gradueller Unterschied — grössere Klarheit bezw. Verworrenheit der Vorstellungen — besteht. Gegenseitige Einwirkung ist ausgeschlossen; jede Monade ist in ihrer Tätigkeit gänzlich auf sich gestellt. Sie ist einem Spiegel zu vergleichen, aber nicht einem solchen, der bloss reflektiert: sie erzeugt in jedem Augenblick das Weltbild in rein immanenter Tätigkeit. Unsere Vorstellungen stimmen nur darum mit der Weltwirklichkeit, d. h. der tatsächlichen Konstellation der Monaden, überein, weil die einzelne Monade so angelegt ist, dass ihr Vorstellungsverlauf in jedem Augenblick dem Verlauf des Weltgeschehens parallel ist.

Aber auf die Dauer vermochte sich die Annahme einer solchen prästabilierten Harmonie nicht zu behaupten. Schon Wolff gab sie in der strengeren Fassung auf, und bald trat der influxus physicus wieder an ihre Stelle. Mit der Annahme einer Wechselwirkung tauchte freilich auch sogleich wieder das ungelöste Problem auf, wie eine solche zwischen Welt und Geist, zwischen Leib und Seele möglich sei; was für ein Zusammenhang zwischen der Wirklichkeit und ihrer Vorstellung bestehe.

Die Entwicklung dieses Problems lässt sich im Kantischen Denken deutlich verfolgen. In den 60er Jahren beschäftigt ihn zunächst das Problem der Kausalität überhaupt und er gelangt zu der Überzeugung, dass das Verhältnis von Ursache und Wirkung nicht durch begriffliche Analyse gewonnen werden könne. Wir treffen zuletzt auf unauflösliche Begriffe, die nicht mehr weiter reduzierbar sind. — In der Dissertation nimmt er im Anschluss an Crusius „gewisse eingepflanzte Regeln zu urteilen"[1]) an, reine Verstandesbegriffe, deren Anwendbarkeit auf die reale Welt vorausgesetzt oder doch nicht untersucht wird.

Aber bald wird er sich der ganzen Tiefe und Schwierigkeit des Problems bewusst. In dem bekannten Brief an M. Herz vom 21. Febr. 1772 erkennt er als „Schlüssel zu dem ganzen Geheimnis der bis dahin sich selbst noch verborgenen Metaphysik" die Frage: „Auf welchem Grunde beruhet die Beziehung desjenigen, was man in uns Vorstellung nennt, auf den Gegenstand? Enthält die Vorstellung nur die Art, wie das Subjekt vom Gegenstand affiziert wird, so ist's leicht einzusehen, wie er diesem als eine Wirkung seiner Ursache gemäss sei und wie diese Bestimmung unseres Gemütes etwas vorstellen, d. h. einen Gegenstand haben könne. Die passiven oder sinnlichen Vorstellungen haben also eine begreifliche Beziehung auf Gegenstände, und die Grundsätze, welche aus der Natur unserer Seele entlehnt werden, haben eine begreifliche Gültigkeit vor alle Dinge, insofern sie Gegenstände der Sinne sein sollen. Ebenso wenn das, was in uns Vorstellung heisst, in Ansehung des Objekts aktiv wäre, d. i. wenn dadurch selbst der Gegenstand hervorgebracht würde, wie man sich die göttlichen Erkenntnisse als die Urbilder der Sachen vorstellet, so würde auch die Konformität derselben mit den Objekten verstanden werden können. . . . Allein unser Verstand ist durch seine Vorstellungen weder die Ursache des Gegenstandes, noch der Gegenstand die Ursache der Verstandesvorstellungen (in sensu reali). Die reinen Verstandesbegriffe müssen also nicht von den Empfindungen der Sinne abstrahiert sein, noch die Empfänglichkeit der Vorstellungen durch Sinne ausdrücken, sondern in der Natur der Seele zwar ihre Quellen haben, aber doch weder insofern sie vom Objekt gewirkt werden, noch das Objekt selbst hervorbringen." — So selbstverständlich es zu sein scheint, dass wir durch unser Denken,

---

[1]) X, 126.

unsere Vorstellungen nicht erst die Gegenstände hervorbringen, so schwer ist es, einen andern Zusammenhang zwischen Vorstellung und vorgestelltem Gegenstand als möglich zu erweisen. Soll nicht all unser Erkennen die Zufälligkeit und Unsicherheit der Wahrnehmung teilen, sollen wir nicht an der Möglichkeit einer notwendigen und allgemeingültigen Erkenntnis verzweifeln, so muss es ein Erkennen geben, das irgendwie a priori, von der Wahrnehmung unabhängig ist — nur dieses kann im Sinne Kants mit Recht „Erkennen" heissen.

Aber mit dieser Forderung scheint auch schon ihre Unerfüllbarkeit ausgesprochen; denn wie soll es Erkenntnis von Gegenständen geben, die von aller Wahrnehmung unabhängig ist, da uns doch ein Gegenstand eben nur durch die Wahrnehmung zugänglich ist. Die schwerwiegende Frage, die im Mittelpunkt des Kantischen Denkens steht, lautet also: Wie ist Erkenntnis a priori von Gegenständen möglich? oder, wie das Problem in der Kritik der reinen Vernunft formuliert wird: Wie sind synthetische Urteile a priori möglich?

1. Kapitel.
Das Urteil als Form der Erkenntnis.

Jede wahrhafte Erkenntnis vollzieht sich im Urteil. In ihm kommen die Gesetze zum Ausdruck, welche mit unbedingter Notwendigkeit die Verbindung und Trennung von Vorstellungen beherrschen, und die eben darum den Grund für deren Allgemeingültigkeit bilden. Jedes folgerichtige Denken muss sich in Urteilen bewegen.[1]) Hierin stimmen Aristoteles und Kant völlig überein. Bei jenem beginnt das Wissen mit den unmittelbaren Sätzen (προτάσεις ἄμεσοι), den Prinzipien, und es endigt in Definitionen. Die Erkenntnis geht also vom Urteil aus und schliesst mit dem

---

[1]) Chr. Sigwart (Logik I, 8 f.) schreibt: „Wenn wir mit dem Zwecke der Erkenntnis denken, so wollen wir unmittelbar nur notwendiges und allgemeingültiges Denken vollziehen . . . Alles Denken, das unter diesen Gesichtspunkt (der Notwendigkeit und Allgemeingültigkeit) fällt, vollendet sich in Urteilen, die als Sätze innerlich oder äusserlich ausgesprochen werden. In Urteilen endigt jede praktische Überlegung über Zwecke und Mittel, in Urteilen besteht jede Erkenntnis, in Urteilen schliesst sich jede Überzeugung ab. Alle andern Funktionen kommen nur in Betracht als Bedingungen und Vorbereitungen des Urteils."

Urteil. Ähnlich bei Kant. Erreicht aber jedes Denken, auch das auf das Praktische gerichtete, seine Vollendung im Urteil, dann umsomehr das theoretische, um das es sich hier allein handelt, jenes, das Wahrheit zum Ziel und Zwecke hat.[1])

Nur das Denken, wie es sich im Urteil darstellt, erfüllt beide Forderungen, die Kant an ein wahrhaftes Erkennen stellt: dass es nämlich ein Vorstellungsganzes sein und eine Beziehung auf das Objekt enthalten müsse.

2. Kapitel.
Der synthetische Charakter des Erkenntnisurteils.

Kann nun auch eine Erkenntnis unmöglich anders als in einem Urteil zum Ausdruck kommen, so bietet doch nicht etwa jedes Urteil ohne weiteres schon eine Erkenntnis im eigentlichen Sinn: nicht jede Verknüpfung zweier Vorstellungen — einer Subjekts- und einer Prädikatsvorstellung — zur Einheit des Urteils ist im Sinne Kants ein Erkenntnisurteil: er unterscheidet zwischen analytischen und synthetischen Urteilen; nur die letzteren geben wirklich Erkenntnis.

„Analytische Urteile, sagt Kant, sind diejenigen, in welchen die Verknüpfung des Prädikats mit dem Subjekt durch Identität, diejenigen aber, in denen diese Verknüpfung ohne Identität gedacht wird, sollen synthetische Urteile heissen. Die ersteren könnte man auch Erläuterungs-, die anderen Erweiterungsurteile heissen, weil jene durch das Prädikat nichts zum Begriff des Subjekts hinzuthun, sondern diesen nur durch Zergliederung in seine Teilbegriffe zerfällen, die in selbigem schon (obschon verworren) gedacht waren: dahingegen die letzteren zu dem Begriffe des Subjekts ein Prädikat hinzuthun, welches in jenem gar nicht gedacht war und durch keine Zergliederung desselben hätte können herausgezogen werden."[2]) Als Beispiele führt er an: für das analytische Urteil den Satz: „Alle Körper sind ausgedehnt", für

---

[1]) 993, b, 19: ὀρθῶς δ'ἔχει καὶ τὸ καλεῖσθαι τὴν φιλοσοφίαν ἐπιστήμην τῆς ἀληθείας· θεωρητικῆς μὲν γὰρ τέλος ἀλήθεια, πρακτικῆς δ'ἔργον. Ähnlich ist nach Kant „die Transscendentalphilosophie eine Weltweisheit der reinen bloss spekulativen Vernunft. Denn alles Praktische, sofern es Triebfedern (Bewegungsgründe) enthält, bezieht sich auf Gefühle, welche zu empirischen Erkenntnisquellen gehören". (Kr. 46.)

[2]) Kr. 39.

das synthetische: „Alle Körper sind schwer", und in den Prolegomena sagt er, es gebe einen Unterschied der Urteile „dem Inhalt nach, vermöge dessen sie entweder bloss erläuternd sind und zum Inhalt der Erkenntnis nichts hinzuthun, oder erweiternd und die gegebene Erkenntnis vergrössern; die ersteren werden analytische, die zweiten synthetische Urteile genannt werden können".[1])

Erschöpft sich jedoch der Unterschied von analytischen und synthetischen Urteilen wirklich in demjenigen der Erläuterungs- bezw. Erweiterungsurteile? Es könnte scheinen, dass dann bei verschiedenen Menschen oder bei demselben Menschen in verschiedenen Phasen seiner geistigen Entwickelung ein und dasselbe Urteil bald ein analytisches, bald ein synthetisches wäre. Denn bei dem einen ist schon im Begriff, bezw. in der Vorstellung eines Dinges enthalten, was einem andern als neu erscheint. Der Unterschied wäre also nur ein relativer, ein fliessender. Damit will aber doch nicht zusammenstimmen, wenn Kant sagt: „Diese Einteilung (in analytische und synthetische Urteile) ist in Ansehung der Kritik des menschlichen Verstandes unentbehrlich und verdient daher in ihr klassisch zu sein."[2])

Aber es kann sich offenbar gar nicht darum handeln, zu untersuchen, ob dieses oder jenes Merkmal im einzelnen Fall bereits in der Vorstellung enthalten ist und also durch Analyse aus demselben gewonnen werden kann, sondern darum, ob überhaupt eine Vorstellung, oder besser ausgedrückt, eine Anschauung, mit einer anderen — und zwar mit dem Anspruch der Notwendigkeit — verbunden werden kann bezw. muss. Das Kantische Beispiel will offenbar besagen: wenn wir die Anschauung eines Ausgedehnten, eines Etwas im Raume haben, so nennen wir das einen Körper; also muss naturgemäss in der Vorstellung eines Körpers immer die eines Ausgedehnten enthalten sein, d. h. das Urteil: „der Körper ist ausgedehnt", ist analytisch. Dagegen ist die Empfindung bezw. Anschauung, die durch die Bezeichnung „schwer" ausgedrückt wird, etwas von der Anschauung „ausgedehnt" durchaus Verschiedenes. Wie kommen wir nun dazu, diese beiden ganz verschiedenen Anschauungen in notwendigen Zusammenhang zu bringen, den Gegenstand, der uns als Träger der Anschauung

---

[1]) Proleg. § 2, IV, 266.
[2]) Proleg. § 3, IV, 270.

„schwer", und denjenigen, der als Träger von „ausgedehnt" erscheint, zu identifizieren? Dazu gehört eine Synthesis und in der Frage nach dem Grund bezw. der Rechtmässigkeit dieser Synthesis besteht das Problem.

Das Urteil: „der Körper ist schwer", kann also wohl scheinbar analytisch sein, indem durch Gewohnheit die beiden Anschauungen „Körper" und „schwer" immer mit einander in derselben Vorstellung auftreten und daher durch blosse Analyse dieser Vorstellung bezw. dieses Begriffes wieder getrennt, d. h. in einem Urteil ausgedrückt werden können. Aber diese Analyse ist nur durch eine vorausgegangene Synthese möglich; darum ist dieses Urteil, streng genommen, immer ein synthetisches; denn nur durch die Verknüpfung zweier verschiedener Anschauungen ist es überhaupt möglich.

Eigentlich analytisch sind darnach nur diejenigen Urteile, in denen der Begriff entweder nur durch einen anderen sprachlichen Ausdruck derselben Sache „erläutert" wird (also in Nominaldefinitionen), oder aber das Prädikat im Subjektsbegriff schon zuvor, wenn auch verworren, gedacht war. — Doch müssen hier nach dem Obigen unter den Begriffen solche verstanden werden, die nicht erst durch Synthesis verschiedener unmittelbarer Vorstellungen entstanden sind, sondern die nichts weiter enthalten, als die durch die Anschauung unmittelbar gegebenen Merkmale. Hier findet also nur die Analysis des in der Anschauung bezw. Vorstellung unmittelbar Gegebenen statt. Die Verbindung von Begriff und Merkmal ist eine rein logische. Es bedarf dazu keiner weiteren Anschauung.

Der Unterschied zwischen synthetischen und analytischen Urteilen kann also dahin bestimmt werden, dass bei den ersteren zur Verbindung von Subjekt und Prädikat eine Anschauung erforderlich ist, bei den letzteren dagegen nicht, oder dass bei jenen Anschauungen verbunden werden, bei diesen dagegen Vorstellungen bezw. Begriffe, die durch Analyse einer Anschauung oder eines irgendwie (willkürlich) gebildeten Begriffes gewonnen sind.[1])

---

[1]) Die Unterscheidung zwischen synthetischen und analytischen Urteilen bei Kant ist vielfach angegriffen worden. So hat Schleiermacher den Unterschied für nur relativ erklärt, weil der Begriff immer nur werdend sei. Sigwart bemerkt dazu: „Diese Kritik ist nach Kants eigenen Ausführungen vollkommen berechtigt. Ob ein Urteil über empirische Gegenstände analytisch ist oder nicht, kann niemals entschieden werden, wenn

Zuweilen macht es indessen den Eindruck, als ob das Unterscheidungsmerkmal weniger in der Erläuterung bezw. Erweiterung eines Begriffes liege, als vielmehr in der Verschiedenheit des Prinzips der synthetischen und analytischen Urteile. Jedes Urteil, das nach dem Gesetz des Widerspruchs eingesehen werden kann, ist analytisch, jedes andere synthetisch. „Alle analytischen Urteile, sagt Kant,[1]) beruhen gänzlich auf dem Satz des Widerspruchs und sind ihrer Natur nach Erkenntnisse a priori, die Begriffe, die ihnen zur Materie dienen, mögen empirisch sein oder nicht." Dagegen erfordern die synthetischen Sätze „noch ein ganz anderes Prinzip, ob sie zwar aus jedem Grundsatze, welcher er auch sei, jederzeit dem Satze des Widerspruchs gemäss abgeleitet werden müssen, denn nichts darf diesem Grundsatz zuwider sein, obgleich eben nicht alles daraus abgeleitet werden kann".[2]) Dieses Prinzip, auf dem alle synthetischen Sätze beruhen, lautet: „Ein jeder Gegenstand steht unter den notwendigen Bedingungen der synthetischen Einheit des Mannigfaltigen der Anschauung in einer möglichen Erfahrung."[3]) Nur dadurch sind allgemeingültige synthetische Urteile von Gegenständen gültig, dass diese Gegenstände nicht Dinge an sich, sondern Erscheinungen sind, die erst durch die Mitwirkung der „Bedingungen der synthetischen Einheit", der Kategorien, entstanden sind.

Damit ist nun aber bereits das Gebiet der synthetischen Urteile a priori betreten. Bei ihnen handelt es sich um die Frage: Wie können Anschauungen bezw. Vorstellungen, die nicht in einem

---

ich nicht den Sinn kenne, welchen der Urteilende mit seinem Subjektswerte verbindet, den Inbegriff der Merkmale, die er auf diesem bestimmten Stadium der Begriffsbildung darin zusammengefasst hat." (Logik I, 135.) Und nach Paulsen ist der von Kant gegebenen Definition zufolge der Unterschied „nicht nur ein fliessender . . ., sondern er sinkt bis zur gänzlichen Bedeutungslosigkeit herab . . . Aber die Einteilung ist identisch mit einer andern Einteilung, die wir am bestimmtesten bei Hume formuliert fanden: Urteile über Verhältnisse von Begriffen und Urteile über Gegensände". (Versuch 171|172.) Cohen (Theorie der Erf. 400) hält Kants Definition von analytischen und synthetischen Urteilen für eine blosse Nominaldefinition. Der Sinn der Unterscheidung sei kein anderer als die Unterscheidung von allgemeiner und transscendentaler Logik. Ausführlich behandelt Vaihinger sowohl die Unterscheidung von analytisch und synthetisch (Komm. I, 259 ff.) als auch die Hauptfrage der Kritik: Wie sind synthetische Urteile a priori möglich? (Komm. I, 316 ff.)

[1]) Proleg. § 2, b, IV, 267 vgl. Logik § 36.
[2]) Proleg. IV, 267.
[3]) Kr. 155.

logischen Verhältnis (z. B. wie der Begriff zu seinem Merkmal) zu einander stehen, a priori, d. h. ohne dass Wahrnehmung bezw. Erfahrung den Zusammenhang lehrt, aus blosser Vernunft, zu notwendiger Einheit im Urteil verbunden werden? Und da die Anschauungen deswegen der logischen Verknüpfung widerstreben, weil sie gar keine logischen Gebilde sind, keine Schöpfungen des Verstandes, sondern die unmittelbaren Repräsentanten der angeschauten Gegenstände, so lautet die Frage: Wie können wir a priori eine Gedankenverknüpfung vollziehen, die von Gegenständen gilt, d. h. wie sind gegenständliche Urteile a priori möglich? Dies aber ist im wesentlichen dieselbe Frage wie diejenige, welche Kant in seinem Brief an Herz aufgeworfen hatte.

Giebt es nun aber auch tatsächlich solche synthetische Urteile a priori? — Synthetisch sind einmal die Erfahrungsurteile; „denn es wäre ungereimt, ein analytisches Urteil auf Erfahrung zu gründen, da ich doch aus meinem Begriffe gar nicht hinausgehen kann, um das Urteil abzufassen, und also kein Zeugnis der Erfahrung dazu nötig habe."[1]) Schwieriger steht es hinsichtlich der Apriorität dieser Urteile, während die mathematischen Sätze nach Kant „insgesamt synthetisch" und „eigentliche mathematische Sätze jederzeit Urteile a priori und nicht empirisch sind, weil sie Notwendigkeit bei sich führen, welche aus Erfahrung nicht abgenommen werden kann".[2])

Die mathematische Erkenntnis ist nicht, wie die philosophische, eine „Vernunfterkenntnis aus Begriffen", sondern eine solche „aus der Konstruktion der Begriffe". „Einen Begriff aber konstruieren heisst: die ihm korrespondierende Anschauung a priori darstellen."[3])

Die mathematische Erkenntnis ist synthetisch, weil sie ihre Begriffe konstruiert und weil sie hierzu der Anschauung bedarf. Und sie ist es auch, weil keine der Wissenschaften so wie sie eine erweiternde Wissenschaft heissen kann. Bestünde sie daher aus analytischen Urteilen, so würde sich die Frage erheben, wie Erweiterung der Erkenntnis durch bloss analytische Urteile möglich sei.[4]) Sie ist aber auch a priori, dies zeigt schon die Not-

---

[1]) Proleg. § 2, IV, 268.
[2]) Kr. 651.
[3]) Kr. 548.
[4]) Brief an J. Schulz vom 35. Nov. 1788, wo er den synthetischen Charakter der Mathematik verteidigt.

wendigkeit, die jederzeit mit ihr verbunden ist. Sie kann also unmöglich von Erfahrungsgegenständen abstrahiert sein.

Aber nicht bloss die Verbindung der Anschauungen in diesen synthetischen Urteilen der Mathematik ist a priori, sondern auch die Anschauungen selbst. In der Mathematik findet also Kant seine Frage: Wie sind synthetische Urteile a priori möglich?, verwirklicht. Die Anschauungsform wird selbst formale Anschauung und kann so einen Inhalt für die reinen Verstandesbegriffe abgeben. Zusammen bilden beide Faktoren eine synthetische Erkenntnis a priori. Bedingung ist, dass es, wie reine Begriffe, so auch eine reine Anschauung gebe.[1]) Die „reine Form der Sinnlichkeit, sagt Kant, wird auch selber reine Anschauung heissen. So, wenn ich von der Vorstellung eines Körpers das, was der Verstand davon denkt, als Substanz, Kraft, Teilbarkeit etc., imgleichen, was davon zur Empfindung gehört, als Undurchdringlichkeit, Härte, Farbe etc. absondere, so bleibt mir aus dieser empirischen Anschauung noch etwas übrig, nämlich Ausdehnung und Gestalt. Diese gehören zur reinen Anschauung, die a priori, auch ohne einen wirklichen Gegenstand der Sinne oder Empfindung als eine blosse Form der Sinnlichkeit im Gemüte stattfindet."[2])

Weiterhin enthält die Naturwissenschaft synthetische Urteile a priori als Prinzipien in sich, z. B. den Satz: „dass in allen Veränderungen der körperlichen Welt die Quantität der Materie

---

[1]) In einem Briefe an Beck vom 20. Jan. 1792 (XI, 303) schreibt Kant: „Weil aber auch Begriffe, denen gar kein Objekt korrespondierend gegeben werden könnte, mithin ohne alles Objekt nicht einmal Begriffe sein würden (Gedanken, durch die ich gar nichts denke), so muss ebenso wohl a priori ein Mannigfaltiges für jene Begriffe a priori gegeben sein und zwar, weil es a priori gegeben ist, in einer Anschauung ohne Ding als Gegenstand, d. i. in der blossen Form der Anschauung, die bloss subjektiv ist (Raum und Zeit), mithin der bloss sinnlichen Anschauung, deren Synthesis durch die Einbildungskraft unter der Regel der synthetischen Einheit des Bewusstseins, welche der Begriff enthält, gemäss . . ."

[2]) Kr. 49. Vgl. Kr. 154 ff. Die Mathematik hat im Kantischen Denken eine bestimmende Rolle gespielt. Sie war es, die neben anderen Faktoren zur Annahme der Phänomenalität von Raum und Zeit führte. Ob es nur das Problem der reinen oder nur der angewandten Mathematik oder beides zusammen war, welches sich in seinem Denken wirksam zeigte, oder ob Kant nur ein Problem kennt: die Möglichkeit der Mathematik überhaupt (Adickes, Kantst. 128, 1; vgl. Vaihinger, Komm. II, 275 ff., 255, 434 u. ö.), kann hier unentschieden bleiben.

unverändert bleibe."¹) Und endlich erhebt die Metaphysik diesen Anspruch; in ihr „sollen synthetische Urteile a priori enthalten sein, z. B. in dem Satz: die Welt muss einen ersten Anfang haben u. a. m., und so besteht Metaphysik, wenigstens ihrem Zwecke nach, aus lauter synthetischen Sätzen a priori".²) Während so Kant nur die synthetischen Urteile als Erkenntnisurteile gelten lässt und das Ideal in synthetischen Urteilen a priori sieht, können die Aristotelischen Urteile wohl alle als analytische im Sinne Kants bezeichnet werden, insofern der Satz vom Widerspruch für alle oberstes Prinzip im positiven Sinne ist. Doch können dieselben im Sinne Kants ebenso gut als synthetische Urteile gefasst werden, wenn die Kantische Definition der synthetischen Urteile als „Erweiterungsurteile" zugrunde gelegt wird. Denn dass alle Urteile — die vollendeten Tautologien, wo das Subjekt im Prädikat wiederholt wird, ausgenommen — eine Erweiterung der Erkenntnis bedeuten, ist für Aristoteles selbstverständlich. Auch hat das Prinzip des Widerspruchs bei Aristoteles eine Bedeutung, die ihm bei Kant völlig mangelt: es ist nicht wie bei diesem bloss das oberste formale Prinzip, es ist ein ontologisches Gesetz: τὸ αὐτὸ ἅμα ὑπάρχειν τε καὶ μὴ ὑπάρχειν ἀδύνατον τῷ αὐτῷ καὶ κατὰ τὸ αὐτό,³) oder ἀδύνατον (τι) ἅμα εἶναι καὶ μὴ εἶναι;⁴) und erst in zweiter Linie ist es ein formales Prinzip.

Jedes Urteil drückt ein Verbunden- oder Getrenntsein, ein Identisch- oder Nichtidentisch-sein aus. Darum haben aber auch alle den Wert einer Erweiterung der Erkenntnis; sie geben uns Aufschluss über etwas Wirkliches, etwas Seiendes.

Analytisch im Sinne Kants müssten offenbar auch die Aristotelischen Prinzipien der Beweise sein, überhaupt die unmittelbaren Sätze, die an der Spitze aller Wissenschaft stehen; denn sie sind unmittelbar gewiss, müssen also nach dem Satz des Widerspruchs begriffen werden. Andererseits aber müsste man sie wieder als synthetische Prinzipien ersten Ranges ansehen, denn aus ihnen fliesst das ganze Wissen. Sie zeichnen sich einerseits durch die

---

[1] „In dem Begriff der Materie denke ich mir nicht die Beharrlichkeit, sondern bloss ihre Gegenwart im Raume durch die Erfüllung desselben. Also gehe ich wirklich über den Begriff der Materie hinaus, um etwas a priori zu ihm hinzuzudenken, was ich in ihm nicht dachte." Kr. 653.

[2] Kr. 653.
[3] 1005, b, 19.
[4] 936, b, 30.

unbedingte Gewissheit aus, mit der sie in unser Bewusstsein treten, anderseits aber dadurch, dass sie alle Erkenntnis vermitteln, insofern eine empirische Erkenntnis ohne sie unmöglich wäre.[1])

3. Kapitel.
Objektivität des Erkenntnisurteils.

Bringt die Unterscheidung der Urteile in analytische und synthetische mehr den inneren Charakter derselben, die Stellung der Einzelvorstellungen zu einander, ihren gegenseitigen inneren Zusammenhang im Urteil, zum Ausdruck, so richtet sich ein anderer Unterschied, nämlich derjenige zwischen „subjektiv" und „objektiv" mehr auf die Beziehung der Vorstellung zum vorgestellten Gegenstand, auf die Gültigkeit eines Urteils von Dingen. Ein Urteil, das Erkenntnisurteil sein soll, muss sowohl nach Aristoteles als nach Kant Geltung von einem Objekt haben: es muss objektiv sein. Erkennen ist niemals ein blosses Denken, es ist immer das Denken eines Objekts, eines Etwas, das sich als von der blossen Vorstellung verschieden kund giebt. — Subjektiv dagegen heisst das, was nur aus dem denkenden Subjekt stammt, ohne eine Beziehung auf einen Gegenstand zu haben.

Sind aber die beiden Denker in der Forderung, dass jedes wahrhafte Erkenntnisurteil objektive Geltung haben müsse, durchaus einig, so gehen sie in der Bestimmung des Erkenntnisobjektes selbst um so weiter auseinander. Aristoteles fasst die Dinge dem unmittelbaren Bewusstsein gemäss als etwas in Raum und Zeit vom menschlichen Vorstellen unabhängig Existierendes, als ein dem Entstehen und Vergehen unterworfenes Seiendes, dem aber doch ein Dauerndes, Bleibendes innewohnen muss, das in der Entwicklung wirksam ist. Nur dieses Unveränderliche im Einzelding kann Objekt eigentlicher Erkenntnis, des Wissens, werden; denn nur dann ist auch die Bürgschaft für die bleibende Gültigkeit derselben gegeben. Das Wesen der Dinge und die Bestimmungen, welche an seiner Unveränderlichkeit, an seiner Dauer teilnehmen, sind daher alleiniges Objekt wahrer Erkenntnis, d. h. des Wissens. Darauf geht alles Streben des erkennenden Geistes, des νοῦς, das Wesen in den Dingen zu erfassen. Erfassen wir dieses, so kennen wir auch die Ursache

---

[1]) Vgl. Sentroul, 222 ff.

des Dinges. Denn die Wesensform ist selbst die treibende Kraft im Geschehen, sie ist mit der Formalursache identisch.

Für Aristoteles ist also das Objekt klar und bestimmt gegeben, und es kann sich nur darum handeln, die Brücke zwischen Objekt und Subjekt zu finden, zu zeigen, wie es möglich ist, dass diese Wesensform in das erkennende Subjekt gelangt; denn „alle Erkenntnis ist Gegenwart der Form des Objekts im Innern der bewussten Seele".[1] — Aristoteles löst das Problem durch die Unterscheidung von Möglichkeit und Wirklichkeit, Potenz und Akt, Materie und Form. Auf jeder Stufe der erkennenden Tätigkeit — von der Empfindung bis zum Denken des νοῦς — ist immer das Subjekt der Möglichkeit nach dasselbe, was das Objekt in Wirklichkeit ist, und durch Anregung von seiten des letzteren wird eben dann das Subjekt, d. h. die wahrnehmende bezw. denkende Seele mit dem Objekt identisch, indem das in ihr potentiell Angelegte zur Wirklichkeit gelangt.

Hiernach kommen Subjekt und Objekt bei der Bildung der Erkenntnis, die als ein subjektiv-objektives Gebilde charakterisiert werden könnte, gleichmässig zur Geltung. Die Erkenntnis ist objektiv, von Gegenständen gültig, weil durch diese gewirkt, aber sie ist auch Eigentum des Subjekts, oder um im Kantischen Sinn zu sprechen, sie kann in das Selbstbewusstsein eingehen, weil sie nichts enthält, was nicht schon zuvor potentiell im Bewusstsein lag, insofern durch die Einwirkung des Objekts das Subjekt, das Bewusstsein, nur zur Entfaltung seines eigenen Wesens veranlasst wurde. Die Erkenntnis entsteht also durch Zusammenwirken von Objekt und Subjekt, und sie besteht in der Gegenwart der Form des Dings in der denkenden Seele.

Kant beginnt die Einleitung zur 2. Auflage seiner Kritik der reinen Vernunft mit den Worten: „Dass alle unsere Erkenntnis mit der Erfahrung anfange, daran ist gar kein Zweifel; denn wodurch sollte das Erkenntnisvermögen sonst zur Ausübung erweckt werden, geschehe es nicht durch Gegenstände, die unsere Sinne rühren und teils von selbst Vorstellungen bewirken, teils unsere Verstandestätigkeit in Bewegung bringen, diese zu vergleichen, sie zu verknüpfen oder zu trennen und so den rohen Stoff sinnlicher Eindrücke zu einer Erkenntnis der Gegenstände

---

[1] Kampe, Erk. 319.

zu verarbeiten, die Erfahrung heisst."¹) Dies klingt ganz im Sinne des Aristoteles, ebenso wenn er fortfährt: „Wenn aber gleich alle unsere Erkenntnis mit der Erfahrung anhebt, so entspringt sie darum doch nicht eben alle aus der Erfahrung."²)

Aber sobald wir den „Gegenstand" näher untersuchen, ergiebt sich ein anderes Bild. War bei Aristoteles das, was auf die erkennende Seele wirkt, mit dem, was erkannt wird, identisch, so liegt für Kant hierin ein schwieriges Problem.

Dinge, die ausser und unabhängig von uns existieren mögen, können nicht so, wie sie sind, in das erkennende Bewusstsein eingehen; denn äussere Gegenstände sind uns nur vermittelst unserer Sinnlichkeit zugänglich. Diese aber giebt uns nicht Dinge an sich, sondern nur Anschauungen, unmittelbare Vorstellungen, die allerdings durch die Notwendigkeit, mit der wir sie auf etwas von dieser Vorstellung selbst Verschiedenes beziehen, über dieselbe hinaus auf einen „Gegenstand" hinweisen. „Was versteht man denn, fragt nun Kant, wenn man von einem der Erkenntnis korrespondierenden, mithin auch davon unterschiedenen Gegenstand redet?" und er antwortet: „Es ist leicht einzusehen, dass dieser Gegenstand nur als etwas überhaupt = x müsse gedacht werden, weil wir ausser unserer Erkenntnis doch nichts haben, welches wir dieser Erkenntnis als korrespondierend gegenüber setzen könnten."³) In Wirklichkeit ist uns der Gegenstand also nur in der Anschauung, und in dieser nur durch die Notwendigkeit, mit der sie über sich selbst hinausweist, gegeben. Er ist nur der notwendig gedachte Träger verschiedener Vorstellungen, die, „indem sie sich auf einen Gegenstand beziehen sollen, sie auch notwendigerweise in Beziehung auf diesen unter einander übereinstimmen, d. h. diejenige Einheit haben müssen, welche den Begriff von einem Gegenstande ausmacht". Aber für Kant ist es klar, dass jenes x, der Gegenstand, „für uns nichts ist, die Einheit, welche der Gegenstand notwendig macht, nichts anderes sein könne, als die formale Einheit des Bewusstseins in der Synthesis des Mannigfaltigen der Vorstellungen". Und nun folgt der schon oben angeführte Satz: „Alsdann sagen wir: wir erkennen

---

¹) Kr. 647.
²) Kr. 647.
³) Kr. 119.

den Gegenstand, wenn wir in dem Mannigfaltigen der Anschauung synthetische Einheit bewirkt haben."¹)

Damit scheint der Idealismus vollendet, die Leugnung jeder Existenz ausserhalb unserer Vorstellungen gelehrt, wenn wir jede notwendige Kombination von Anschauungselementen Gegenstand nennen, dieser Kombination aber in Wirklichkeit nichts Existierendes entspricht; wenn es nur auf subjektiver Notwendigkeit beruht, dass, so oft wir eine der transscendentalen Apperzeption gemässe Einheit von verschiedenen Elementen herstellen, wir einen Gegenstand gewissermassen als Träger dieser Elemente hinzudenken müssen.

Aber bloss hinzugedacht ist die Vorstellung vom Gegenstande doch nicht, sie ist der Begriff der Einheit der Regel, welche in oder an den Anschauungselementen vollzogen wurde.²) Hält man dazu den Ausdruck, dass der Gegenstand die formale Einheit des Bewusstseins notwendig mache,³) so ergiebt sich ein eigentümliches Bild.

Der Begriff des „Gegenstands" ist bei Kant nicht eindeutig bestimmt und gerade diese Dehnbarkeit erschwert das Verständnis seines ganzen Systems. Als Gegenstand der Erscheinung, als transscendentaler Gegenstand,⁴) oder als transscendentales Objekt bedeutet er „ein Etwas = x, wovon wir gar nichts wissen, noch überhaupt (nach der jetzigen Einrichtung unseres Verstandes) wissen können, sondern welcher nur als ein Korrelatum der Einheit der Apperzeption zur Einheit des Mannigfaltigen in der sinnlichen Anschauung dienen kann, vermittelst deren der Verstand dasselbe in den Begriff eines Gegenstandes vereinigt."⁵)

„Dieses transscendentale Objekt . . . ist also kein Gegenstand der Erkenntnis an sich selbst, sondern nur die Vorstellung der Erscheinungen unter dem Begriffe eines Gegenstandes überhaupt, der durch das Mannigfaltige derselben bestimmbar ist."⁶)

Hier scheint sich das Ding an sich in seiner völligen Unbestimmtheit und Unbestimmbarkeit zu offenbaren. Ist dasselbe aber nicht ein blosser Grenzbegriff, ein Letztes, das als Grund

---

¹) Kr. 119.
²) Kr. 120.
³) Kr. 119.
⁴) Kr. 122.
⁵) Kr. 232.
⁶) Kr. 232.

der wechselnden Erscheinungen von uns notwendig gedacht werden muss, dem aber in Wirklichkeit nichts entspricht, sondern etwas Existierendes, jedoch Unerkennbares, weil von ihm keine Anschauung gegeben werden kann, so ist wahrscheinlich, dass der Ausdruck „transscendentaler Gegenstand" oder „transscendentales Objekt" nur unbestimmtere Fassungen sind für „das Ding an sich". Das x, als irgendwie wirkend gedacht (z. B. in der Affektion), würde dann das Ding an sich, als der unbestimmte Einheitspunkt unserer Vorstellungen gefasst, den transscendentalen Gegenstand bedeuten.

Gegenstand der Erkenntnis, d. h. das, was wirklich erkannt wird, kann also nicht dieser „transscendentale Gegenstand" sein, sondern nur die Erscheinung. Sie ist gewissermassen der Repräsentant des transscendentalen Gegenstandes innerhalb der Erkenntnissphäre und dadurch gewinnt sie eine gewisse Objektivität, obwohl „Erscheinungen nichts als Vorstellungen sind".[1]) Die Erscheinung ist aber nicht etwa identisch mit Schein; der letztere ist ein rein subjektives Gebilde, dagegen in Erscheinung liegt immer der Hinweis auf etwas, das erscheint. Erscheinung wird jenes Etwas erst dadurch, dass es durch die Formen unserer Sinnlichkeit hindurchgehen muss und daher unserem Verstande anders erscheint, als es in Wirklichkeit ist. Es erscheint in Raum und Zeit, während es doch faktisch, d. h. wenn wir es betrachten könnten, wie es an sich selbst ist, diese Formen nicht an sich trüge.[2])

Die Anschauungsformen sind für sich etwas Subjektives; damit sie Anschauungen, Erscheinungen werden können, muss ein Materiales hinzukommen: die Empfindung. So steht die Erscheinung gewissermassen in der Mitte zwischen Objekt und Subjekt. Auf der einen Seite hat sie durch das Subjekt eine Umgestaltung erfahren, auf der andern aber doch in der Empfindung ihre Beziehung auf ein Objekt gewahrt.

Soll aber die Erscheinung wirklich Gegenstand der Erkenntnis werden, so genügt nicht, dass sie durch die Sinnlichkeit in Raum und Zeit eingeordnet wird, sie muss auch die Form des Verstandes in sich aufnehmen. Dies geschieht dadurch, dass die Einbildungskraft die Erscheinungen nach kategorialen Gesichtspunkten zu einander in Beziehung setzt.

---
[1]) Kr. 232.
[2]) Kr. 73/74.

Richtet sich nun der Verstand denkend auf die Erscheinungen, so erfasst er ihre Gesetzmässigkeit, d. h. er erkennt. „Wir glauben ein jegliches Ding ganz zu erkennen, wenn wir seine Ursache kennen,"[1] heisst es bei Aristoteles. Demnach sieht auch er in der Kenntnis der gesetzmässigen Beziehungen, der Gesetzmässigkeit der Dinge die Erkenntnis der Dinge selbst. Für Kant aber bedeutet diese Gesetzmässigkeit geradezu das einzige und eigentliche Objekt der Erkenntnis.

Die Formel für diese Gesetzmässigkeit ist gegeben in den synthetischen Urteilen a priori. Bei ihnen, vor allem bei den mathematischen Sätzen, bleibt aber als schwierigste Frage: wie sie objektive Geltung haben sollen, da ihnen doch kein empirischer Gegenstand gegeben ist. Möglich ist eine solche objektive Geltung nur durch das Prinzip aller synthetischen Urteile, die Beziehung auf die „Möglichkeit der Erfahrung". Der Raum ist die Form aller Erscheinungen, die, als ausser uns gegeben, vorgestellt werden. Darum gilt das mathematische Urteil von allen Gegenständen dieser möglichen äusseren Erfahrung, weil in ihm die Gesetzmässigkeit der Raumform zum Ausdruck kommt. Und ebenso haben die Kategorien objektive Gültigkeit, weil die Objekte der Erkenntnis, die Erscheinungen, allererst nach den kategorialen Beziehungen gestaltet werden. Die Gesetzmässigkeit der Erscheinungen stimmt mit derjenigen des reinen Bewusstseins, der transscendentalen Apperzeption überein. Es ist nicht etwas Fremdes, mit dem bereits vorhandenen Bewusstseinsinhalte Unvereinbares, das erkannt werden soll, vielmehr trägt es bereits die Gesetzmässigkeit des Verstandes in sich, welche ihm durch die vorbewusste Tätigkeit der Einbildungskraft eingeprägt wurde.

So sehr nun diese Bedeutung von „objektiv" von der gewöhnlichen abweicht — Kant glaubt, auf andere Weise eine wahrhafte, d. h. allgemeingültige Erkenntnis nicht retten zu können. Die Objektivität im alten Sinn muss der Allgemeingültigkeit weichen. War für Aristoteles die Erkenntnis allgemeingültig, weil objektiv, so ist sie für Kant objektiv, weil allgemeingültig.

Notwendige Allgemeingültigkeit und objektive Gültigkeit decken sich bei Kant. „Wenn wir untersuchen, was denn die Beziehung auf einen Gegenstand unseren Vorstellungen für eine Beschaffenheit gebe, und welches die Dignität sei, die sie dadurch

---

[1] 71, b, 9.

erhalten, so finden wir, dass sie nichts weiter thun, als die Verbindung der Vorstellungen auf eine gewisse Art notwendig zu machen und sie einer Regel zu unterwerfen; dass umgekehrt nur dadurch, dass eine gewisse Ordnung in dem Zeitverhältnisse unserer Vorstellungen notwendig ist, ihnen objektive Bedeutung erteilt wird."[1]) Nur das Gefühl der Notwendigkeit und Allgemeingültigkeit, das unmittelbare Bewusstsein, dass alle dieselben Vorstellungen ebenso verbinden müssen, giebt darnach dieser Verbindung Objektivität. Objektiv sind unsere Vorstellungsgebilde, wenn ihnen Notwendigkeit anhaftet, subjektiv, wenn dieses Moment fehlt. Somit kann objektiv-subjektiv im Sinne Kants auch durch das Begriffspaar: allgemeingültig-individuell charakterisiert werden.[2]) Das Individuum weiss sich eins mit allen anderen menschlichen Individuen. In dem individuellen Gesetz offenbart sich ihm ein allgemeines Gesetz. Der Grund der Objektivität, sagt Windelband, kann „nur darin gesucht werden, dass im tiefsten Grunde des individuellen Bewusstseins eine allgemeine Organisation tätig ist, welche nicht sowohl in ihrer Funktion selbst, als vielmehr in ihren Produkten vor das individuelle Bewusstsein tritt. Das letztere findet deshalb die Vorstellung der Gegenstände als ein Fertiges und Gegebenes vor und betrachtet sie als etwas ihm Fremdes und Äusserliches . . . Das Gegenständliche also in unserem Denken beruht auf einer überindividuellen Funktion, welche gleichmässig den Untergrund aller individuellen Vorstellungstätigkeit bildet, auf dem „Bewusstsein überhaupt"."[3])

Die Kategorien haben zwar nicht deswegen objektive Gültigkeit, weil sie Regeln, Funktionen dieses „Bewusstseins überhaupt" sind, sondern weil sie „Bedingungen der Möglichkeit aller Erkenntnis der Gegenstände abgeben".[4]) Aber dies ist doch wiederum nur durch ihre Beziehung zu dem Bewusstsein möglich, ohne das überhaupt eine Erkenntnis gar nicht zustande kommen könnte, da der Einheitspunkt, der Brennpunkt, fehlen würde.

Was aber im Kantischen Ausdruck „objektiv" doch den Zusammenhang mit dem gewöhnlichen Sinn des Wortes — und damit auch mit der Bedeutung desselben bei Aristoteles — aufrecht

---
[1]) Kr. 187. Vgl. Proleg. § 19, IV, 298.
[2]) Vgl. Willmann, Ideal. III, 442.
[3]) Geschichte der neueren Philos. II, 76.
[4]) Kr. 107.

erhält, ist einmal die Beibehaltung der sekundären Bedeutung = allgemeingültig, sodann aber, dass in der Erscheinung, dem Objekt der Erkenntnis, immer ein Reales erscheint. Diese Beziehung auf ein vom Subjekt Unabhängiges ist der Erscheinung wesentlich. Wirklich, real ist aber nach Kant, „was mit den materialen Bedingungen der Erfahrung (der Empfindung) zusammenhängt",[1]) und „die Wahrnehmung, die den Stoff zum Begriff hergiebt, ist der einzige Charakter der Wirklichkeit".[2])

So sehr Kant die Empfindung als die materiale Seite der Erscheinung vernachlässigt hat, so gewiss steht ihm fest, dass sie durch Affektion gegeben wird, und schliesslich kann sie kaum anders gefasst werden, denn als eine Wirkung des Dinges an sich — welcher Art die Einwirkung desselben auf das Subjekt ist, das entzieht sich unserem Erkennen, da dieses immer nur ein inadäquates Bild giebt. So wenig wir aber einen Vorwurf gegen unsere eigene Organisation erheben, weil wir Farben sehen, statt Schwingungen, Wärme empfinden statt Bewegung u. s. w., ebensowenig, wenn wir statt Dinge an sich, von denen wir sonst nichts aussagen können, als dass sie existieren und irgendwie auf uns einwirken müssen, nur räumlich und zeitlich geordnete, unter einander in kategorialen Beziehungen stehende Erscheinungen erkennen.

Kant sträubt sich zwar dagegen, dass die Subjektivität der Sinnesqualitäten zum Vergleich mit seiner Auffassung von Raum und Zeit und Kategorien herbeigezogen werde, aber wie es scheint, ohne triftigen Grund. Der Unterschied ist offenbar nur ein gradueller. Wie die Farbe nur die „Erscheinung" ist, in der sich bestimmte Schwingungen für uns darstellen, ebenso sind die Schwingungen wieder nur Erscheinung von einem unbekannten x, von dem Ding an sich. So gut wir aber von den Farben sagen können, sie seien objektiv, insofern ihnen etwas in Wirklichkeit (nach Kant: Erscheinungswirklichkeit) entspricht, ebenso gut ist das Kantische „objektiv" berechtigt, insofern in der Erscheinung wirklich etwas erscheint, sofern ihr ein Ding an sich entspricht.

Auch ist nach Kant a priori nur die allgemeine Form der Erkenntnis gegeben, nicht auch die speziellen Gesetze. „Besondere Gesetze, weil sie empirisch bestimmte Erscheinungen

---

[1]) Kr. 202.
[2]) Kr. 207.

betreffen, können davon (d. h. von den Kategorien) nicht vollständig abgeleitet werden, ob sie gleich alle insgesamt unter jenen stehen. Es muss Erfahrung dazu kommen, um die letztere überhaupt kennen zu lernen."[1]) Die apriorischen Gesetze geben also nur eine Art Schema für die besonderen Naturgesetze. Zum apriorischen Faktor muss ein empirischer hinzutreten. Der Grund jener Besonderheit scheint also schliesslich irgendwie in dem affizierenden Ding an sich liegen zu müssen. — Doch ist dies bereits eine Konsequenz aus der Kantischen Lehre, nicht mehr diese Lehre selbst.

Wie weit der Ausdruck „objektiv" bei Kant an den Aristotelischen angenähert werden kann, ist nur schwer zu entscheiden, vor allem wegen seines Schwankens in der Bestimmung des Dinges an sich. Bald scheint es überhaupt nichts zu sein, bald ist es ein x, das zwar existiert, von dem aber weiter keine positive Bestimmung ausgesagt werden kann, bald ist es auch etwas Positives. Letzteres scheint indes die wirkliche Ansicht Kants zu sein. Denn ohne diesen positiven Hintergrund sind manche Teile der Kritik unverständlich. „Erscheinung und Ding an sich, sagt mit Recht B. Erdmann, bezeichnen die beiden Seiten eines und desselben Gegenstandes: Das Ding ist der Gegenstand, abgesehen von unserer Art, ihn anzuschauen, die Erscheinung der Gegenstand, sofern wir ihn anschauen."[2])

Die Erkenntnis aber ist auf den Gegenstand als Erscheinung eingeschränkt; denn nur durch die Sinnlichkeit können uns Gegenstände gegeben werden; die Sinnlichkeit aber giebt uns die Dinge nur, wie sie erscheinen. Denken dagegen kann der Verstand, soviel er will, wenn er sich nur nicht selbst widerspricht. Im Denken sind die Kategorien frei, im Erkennen sind sie an die Anschauung gebunden. Kant weist darauf hin, „dass die Kategorien im Denken durch die Bedingungen unserer sinnlichen Anschauung nicht eingeschränkt sind, sondern ein unbegrenztes Feld

---

[1]) Kr. 681.
[2]) Kritizismus 19. Und schon vor ihm schrieb Riehl (Kritiz. I, 425): „Der Begriff der Erscheinung hat zwei Seiten, eine nach dem Subjekt gekehrte: Die Vorstellungsform, und eine nach dem Objekt selbst gewendete: Die Bestimmung der Vorstellungsform zu einer wirklichen Anschauung. Nur der Anteil des Subjekts an der Erfahrung verwandelt die Dinge durch ihre Auffassung und Erkenntnis in Erscheinungen."

haben und nur das Erkennen dessen, was wir uns denken, das Bestimmen des Objekts, Anschauung bedürfe".[1])

4. Kapitel.
Notwendigkeit des Erkenntnisurteils.

So unbestimmt, ja widerspruchsvoll auch der Begriff des Gegenstandes bei Kant sein mag, die Beziehung auf ein Objekt ist auch bei ihm unerlässliche Bedingung wirklicher Erkenntnis.

---

[1]) Kr. 681, Anm. Wenn Kant von Noumena im Gegensatz zu Phänomena spricht, so hat dies in der Dissertation noch den Sinn, dass die Dinge so wie sie sind, erkannt werden, während sie in der Anschauung nur als Phänomena gegeben werden. In der Kritik aber verliert die Unterscheidung ihre tiefere Bedeutung, weil nach ihr auch der Verstand die Dinge nicht mehr erkennt, wie sie sind. „Der Begriff eines Noumenon, sagt Kant (Kr. 235), d. i. eines Dinges, welches gar nicht als Gegenstand der Sinne, sondern als ein Ding an sich selbst (lediglich durch einen reinen Verstand) gedacht werden soll, ist gar nicht widersprechend: denn man kann von der Sinnlichkeit doch nicht behaupten, dass sie die einzig mögliche Art der Anschauung sei." Dazu bemerkt er weiter: „das Übrige, worauf jene (die sinnliche Erkenntnis) nicht reicht, heissen eben darum Noumena, damit man dadurch anzeige, jene Erkenntnisse können ihr Gebiet nicht über alles, was der Verstand denkt, erstrecken" (ebd.). Hier setzt er also die Noumena den „Dingen an sich selbst" gleich. Noch deutlicher Proleg. § 33, IV, 315. Dagegen sagt er Kr. 234, „der transscendentale Gegenstand, d. i. der gänzlich unbestimmte Gedanke von Etwas überhaupt", könne „nicht das Noumenon heissen". Das Noumenon ist ein problematischer Begriff; wenn Dinge, „die bloss Gegenstände des Verstandes sind" (Kr. 231), auch in irgend einer intellektuellen Anschauung gegeben, d. h. erkannt werden könnten, so würden diese Dinge Noumena heissen. Ob es eine solche Anschauung gibt, liegt völlig ausserhalb unserer Wissenssphäre (vgl. Maier, Kantst. III, 21).

Es scheint also, dass das Ding an sich Noumenon genannt wird mit Rücksicht darauf, dass ein Verstand denkbar ist, der es anschauend, also bestimmt, denken könnte, während der Gegenstand überhaupt, den wir als das notwendige Korrelat der Erscheinung denken müssen, darum nicht mit dem Noumenon identifiziert wird, weil er nur unbestimmt gedacht, nicht aber erkannt ist; Proleg. § 34 (IV, 316) aber erklärt Kant, dass „alle solche Noumena zusamt dem Inbegriff derselben, einer intelligibeln Welt, nichts als Vorstellungen einer Aufgabe sind, deren Gegenstand an sich wohl möglich, deren Auflösung aber nach der Natur unseres Verstandes gänzlich unmöglich ist, indem unser Verstand kein Vermögen der Anschauung, sondern bloss der Verknüpfung gegebener Anschauungen in einer Erfahrung ist".

Aber der blosse Anspruch eines Urteils, von Gegenständen zu gelten, genügt nicht; es muss diesen Anspruch rechtfertigen. Dies geschieht durch die Notwendigkeit, mit der sich die gegenständliche Beziehung unserm Bewusstsein aufdrängt. Nur apodiktisch gewisse Erkenntnis ist wahrhafte Erkenntnis, wahrhaftes Wissen. „Eigentliche Wissenschaft, sagt Kant, kann nur diejenige genannt werden, deren Gewissheit apodiktisch ist; Erkenntnis, die bloss empirische Gewissheit enthalten kann, ist ein nur uneigentlich sogenanntes Wissen."[1]) Dagegen heisst es bei Aristoteles ... ὥστε οὐ ἁπλῶς ἐστιν ἐπιστήμη, τουτὶ ἀδύνατον ἄλλως ἔχειν.[2]) Kant verlangt eine Notwendigkeit des Nicht-anders-denken-könnens, Aristoteles eine solche des Nicht-anders-sein-könnens; beim ersteren ist das Objekt nur in der Notwendigkeit gegeben, beim letzteren aber die Notwendigkeit der Vorstellung von der Notwendigkeit des Objekts abhängig. Nur von einem Objekt, das nicht anders sein kann (οὐκ ἐνδέχεται ἄλλως ἔχειν), ist wahrhafte Erkenntnis möglich. Von dem, was in beständigem Wechsel begriffen ist, kann es keine Erkenntnis geben; denn die Vorstellungen müssten ebenso wechseln, wie die Dinge; die Erkenntnis aber muss etwas Dauerndes sein. Aristoteles nennt sie eine ἕξις ἀποδεικτική. Ihr Objekt ist das Allgemeine.[3])

Doch hat Aristoteles auch die subjektive Seite dieser Notwendigkeit nicht ausser Acht gelassen: die Erkenntnis ist ihm ὑπόληψις πιστοτάτη, die gewisseste Annahme;[4]) aber wichtiger als das Nichtandersdenkenkönnen ist ihm doch das Nichtandersseinkönnen; denn jenes ist ja nur die Folge von diesem.

---

[1]) Metaph. Anfangsgr. Vorrede IV, 468.
[2]) 71, b, 9.
[3]) Zu dem καθόλου des Aristoteles bemerkt Prantl (Gesch. d. Logik I, 121 f.): „καθόλου ist, was κατὰ παντός und zugleich καθ'αὑτό oder ᾗ αὑτό besteht, d. h. folgendes: κατὰ παντός ist, was von jedem und immer gilt, also was ohne Ausnahme allgemein ausgesagt wird. καθ'αὑτό aber ist erstens dasjenige, was ein wesentlicher Bestandteil des Seins und Begriffes eines Dinges ist (z. B. Linie beim Dreieck), sowie dasjenige, was ein wesentliches, ausschliessliches Substrat für den Begriff eines Merkmales ist, und zweitens dasjenige, was ... als individuelle Substanz in der Vielheit der möglichen Prädikate sich gleich bleibt ... und drittens dasjenige, was in Bezug auf Kausalität ausschliesslich vermittelst seiner selbst (δι'αὑτό) ein Stattfinden zur Folge hat ... In der Vereinigung aber des κατὰ παντός und des καθ' αὑτό beruht es, dass das καθόλου das Notwendige ist".
[4]) 131, a, 23.

Je mehr indes Aristoteles darauf dringt, dass es nur von dem Wissen gebe, was nicht anders sein könne, um so mehr fällt auf, dass er doch auch ein Wissen dessen, was nur „meistenteils" geschieht, zugiebt.¹) Der scheinbare Widerspruch löst sich wohl dadurch, dass das, was meistenteils geschieht, wenigstens seiner Bestimmung, seinem Zwecke nach notwendig geschieht, dass aber die in der Form, im Wesen liegende zielstrebende Kraft wegen des Widerstrebens der Materie nicht immer zur Auswirkung gelangt.²)

Dagegen kann das, was nur zufällig ist oder geschieht, nicht gewusst werden. Davon gibt es nur Meinung (δόξα). Wir meinen, wenn wir glauben, dass etwas zwar so sei, wie wir es vorstellen, dass es sich aber auch anders verhalten könnte.³)

Darum kann auch die Wahrnehmung nicht Erkenntnis heissen; denn sie offenbart nur das „Dass", aber nicht das „Warum", nur die Tatsache des Soseins, nicht aber die Notwendigkeit desselben. Ähnlich spricht auch Kant dem Wahrnehmungsurteil den Charakter der Erkenntnis ab. Demselben fehlt die Notwendigkeit, die Objektivität; es ist nur der Ausdruck für einen subjektiven Zustand, hat darum auch nur subjektive Geltung. Es ist ein subjektives synthetisches Urteil. Soll es objektiv werden, so muss noch etwas dazu kommen, das ihm Notwendigkeit giebt, wodurch es aus der subjektiven Sphäre heraustritt. „Dieses kann, wie Kant sagt, nichts anderes sein, als derjenige Begriff, der die Anschauung in Ansehung einer Form des Urteils vielmehr als der anderen als an sich bestimmt vorstellt, d. i. ein Begriff von derjenigen synthetischen Einheit der Anschauungen, die nur durch eine gegebene logische Funktion der Urteile vorgestellt werden kann."⁴)

Nach Aristoteles kann zwar die Wahrnehmung keine Erkenntnis geben, aber sie ist die erste Stufe auf dem Wege zu derselben. Aus dem, was sie bietet, schöpft der νοῦς die Erkenntnis des Notwendigen, des Ewigen. Vermittelst der Wahrnehmung wirken die νοητά in den Dingen auf den νοῦς. Während die Wahrnehmung

---

¹) 1065, a, 4: ἐπιστήμη μὲν γὰρ πᾶσα τοῦ ἀεὶ ὄντος ἢ ὡς ἐπὶ τὸ πολύ. Vgl. 1027, a, 20.

²) Vgl. Kampe 253, wo er bemerkt: „Diese Partikularität hat die Allgemeinheit im Hintergrunde: in einer Regel, die nicht ohne Ausnahme ist." Mit Hinweis auf dieses Meistenteils-sein und -geschehen erklärt Maier, Syllog. II, 1, 425, Aristoteles kenne, wenigstens für die sublunarische Welt, keine strenge Notwendigkeit.

³) Anal. post. I, 33. 89, a, 6 ff.

⁴) Proleg. § 21a, IV, 304.

für sich nur das Zufällige giebt, ergreift der νοῦς nur das Ewige. Er wirkt im Induktionsprozess, liefert die obersten Prinzipien des Beweises, er ist die Einheit schaffende Kraft im Erkennen überhaupt, Kants transscendentale Apperzeption.

So stammt nach Aristoteles die Notwendigkeit zwar nicht aus der Erfahrung, aus der Wahrnehmung, aber sie ist auch nicht bloss ein Produkt des Subjekts: das Notwendige in den Dingen weckt im Subjekt die Vorstellung der Notwendigkeit.

Nach Kant ist ein solches Zusammenwirken unmöglich: entweder schafft der Gegenstand die Vorstellung oder die Vorstellung schafft den Gegenstand. Das letztere muss, wenigstens bis zu einem gewissen Grad, der Fall sein, wenn es notwendige, d. h. apriorische Erkenntnis geben soll. Die Anschauungen, die im Wahrnehmungsurteil vereinigt, nur subjektive Geltung hatten, werden nach den kategorialen Gesichtspunkten allgemeingültig d. h. objektiv verbunden: es entsteht das Erfahrungsurteil. Wäre es bloss auf die (subjektive) Wahrnehmung gegründet, so könnte es unmöglich allgemeingültig sein; die Verknüpfung könnte nicht als notwendig anerkannt werden, weil eine solche notwendige Verknüpfung überhaupt nicht wahrgenommen werden kann.

Das, was dem Erfahrungsurteil Notwendigkeit und Allgemeingültigkeit verleiht, kann also nicht aus der Wahrnehmung stammen: die Verknüpfung muss apriorische Zutat des Verstandes sein. Der Verstand muss die Anschauungen zu allgemeingültigen Urteilen verknüpfen, ohne zu dieser Verbindung der Erfahrung zu bedürfen. Dies ist möglich, weil die zu verknüpfenden Gegenstände nicht Dinge an sich, sondern Erscheinungen sind, welche erst unter Mitwirkung der Verstandesfunktionen, der Kategorien, entstanden sind. Die Kategorien, als die Bedingungen der Möglichkeit der Erfahrung, sind zugleich auch Bedingungen der Gegenstände einer möglichen Erfahrung. Die Gegenstände der Erfahrung werden allererst den Bedingungen der Möglichkeit der Erfahrung gemäss gebildet.

So ist die von Hume angegriffene und scheinbar illusorisch gemachte Notwendigkeit und Allgemeingültigkeit der Verknüpfung im Erfahrungsurteil gewahrt. Gegenstände, d. h. Erscheinungen können a priori erkannt werden, weil ihre allgemeine Form a priori ist. Sie bilden synthetische Urteile a priori, allerdings nicht im vollen Sinn, weil nur die Verknüpfung a priori, die verbundenen Begriffe dagegen a posteriori sind.

Welches ist nun der Sinn und die Bedeutung dieser Notwendigkeit? Ist es eine objektive, d. h. in den Objekten, oder aber eine subjektive, d. h. nur im Subjekt begründete? — Bei Aristoteles ist die Notwendigkeit offenbar eine objektive. Die Dinge stehen in notwendigen gesetzmässigen Beziehungen zu einander, und wir erkennen nur diese Gesetzmässigkeit. Die Vorstellungen in uns sind also deshalb notwendig verbunden, weil die Dinge, deren Abbilder sie sind, notwendig verknüpft sind.

Eine solche Bedeutung kann die Notwendigkeit bei Kant nicht haben. Die Verknüpfung zweier Vorstellungen in einem Urteil ist notwendig, bedeutet bei ihm so viel als: sie ist a priori, von der Erfahrung unabhängig. Sie offenbart sich dem Bewusstsein als unabweislich, als notwendig gerade durch die Gewalt, mit der sie sich aufdrängt. Diese Notwendigkeit ist es vor allem, die über das erkennende Subjekt mit elementarer Macht in eine andere Welt, in die des Objekts, hinausweist. Ist nun aber diese subjektive Notwendigkeit bei Aristoteles nur eine Folge der notwendigen Konstellation der Dinge, so bedeutet sie für Kant geradezu den Angelpunkt seines Systems. Darum soll diese Notwendigkeit nach Kant auch nicht auf bloss „subjektiven, uns mit unserer Existenz zugleich eingepflanzten Anlagen" beruhen; „denn z. B. der Begriff der Ursache, welcher die Notwendigkeit eines Erfolges unter einer vorausgesetzten Bedingung aussagt, würde falsch sein, wenn er nur auf einer beliebigen, uns eingepflanzten subjektiven Notwendigkeit, gewisse empirische Vorstellungen nach einer solchen Regel des Verhältnisses zu verbinden, beruhete. Ich würde nicht sagen können: die Wirkung ist mit der Ursache im Objekte (d. i. notwendig) verbunden, sondern ich bin nur so eingerichtet, dass ich diese Vorstellung nicht anders als so verknüpft denken kann . . . Zum wenigsten könnte man mit einem andern über dasjenige hadern, was bloss auf der Art beruht, wie sein Subjekt organisiert ist."[1] — Kant verlangt also eine nicht bloss auf subjektiver Organisation beruhende Notwendigkeit. In seinem Sinne scheint jedoch kein anderer Ausweg zu bleiben, als diese Notwendigkeit aus einer allgemeinen Organisation abzuleiten. In einem allgemeinen transscendentalen Bewusstsein würden darnach die Erscheinungen gestaltet, noch bevor sie ins individuelle Bewusstsein treten. Dieses würde also die Gesetzmässigkeit

---

[1] Kr. 683.

wirklich in den Objekten, den Erscheinungen, finden, aber es wäre zugleich seine eigene Gesetzmässigkeit, insofern das individuelle Bewusstsein nur durch und in jenem allgemeinen möglich wäre.[1]

5. Kapitel.
Wahrheit des Erkenntnisurteils.

Ist aber in einem Erkenntnisakt Objektivität und notwendige Allgemeingültigkeit vorhanden, dann ist auch das Ziel aller Erkenntnis erreicht, nämlich Wahrheit.[2] Nach der gewöhnlichen Definition ist sie Übereinstimmung des Gedankens mit der Sache.[3] Nach Aristoteles ist τὸ λέγειν τὸ ὂν μὴ εἶναι ἢ τὸ μὴ ὂν εἶναι ψεῦδος, τὸ δὲ τὸ ὂν εἶναι καὶ τὸ μὴ ὂν μὴ εἶναι ἀληθές, ὥστε καὶ ὁ λέγων εἶναι ἢ μὴ ἀληθεύσει ἢ ψεύσεται.[4] Darnach besteht also Wahrheit in der Aussage, dass das sei, was wirklich ist, und nicht sei, was nicht ist, oder nach einer andern Fassung:[5] die Wahrheit sagt derjenige, der das Getrennte für getrennt und das Verbundene für verbunden hält; wer sich aber in einer dem Wirklichen entgegengesetzten Weise verhält, der ist im Irrtum.[6] Wahrheit und Falschheit liegen also im Denken, nicht in den Dingen selbst,[7] aber Wahrheit besteht doch nur darin, dass unserem denkenden

---

[1] Ein Analogon dazu, dass Aristoteles auch ein Wissen des „Meistenteils-Geschehenden" annimmt, scheint bei Kant darin zu liegen, dass im Erfahrungsurteil die Gewissheit und Stringenz nicht zu erreichen ist, wie sie im reinen synthetischen Urteil a priori verwirklicht wird. Simmel (Kantst. I, 421) weist darauf hin, dass sich alle unsere Erkenntnisse zwischen zwei Grenzen bewegen: zu unterst steht das Wahrnehmungsurteil, zu oberst das synthetische Urteil a priori. „Das Erfahrungsurteil ist nun offenbar eine Zwischenstufe, ein Entwicklungsstadium zwischen diesen beiden Grenzfällen." Und er glaubt, dass die Entwicklung zwischen ihnen nach den Kantischen Voraussetzungen eine kontinuierliche sei, dass es also viele verschiedene Grade der Gültigkeit und Objektivität der Urteile gebe.

[2] Vgl. 402, a, 5.

[3] Zu dieser Formel bemerkt Sentroul (40): Ce n'est pas le Stagirite, qui a la paternité de la formule adaequatio rei et intellectus. Elle est due à un commentateur nommé Isaac.

[4] 1011, b, 26.

[5] 1051, b, 2.

[6] Vgl. Maier, Syllog. I, 17.

[7] 1027, b, 25: οὐ γάρ ἐστι τὸ ψεῦδος καὶ τὸ ἀληθὲς ἐν τοῖς πράγμασιν . . . ἀλλ' ἐν διανοίᾳ.

Verbinden oder Trennen ein Verbunden- bezw. Getrenntsein in den Dingen entspricht.

Das Gebiet der Wahrheit ist darum nur das Urteil; denn nur in diesem wird ein Sein oder Nichtsein, ein Verbunden- oder Getrenntsein ausgesprochen.[1]) Die Wahrnehmung (wenigstens die spezifische) und ebenso die Intuition des νοῦς sind dem Bereiche der Wahrheit und Falschheit entrückt; denn in ihnen ist keinerlei Urteil enthalten. Entweder nimmt der Sinn seine spezifischen Objekte wahr oder nicht, ebenso bei der Erfassung bezw. Berührung (θιγγάνειν) der νοητά durch den νοῦς; ein falsches Wahrnehmen, ein falsches Erfassen giebt es hier nicht.

Doch stehen Wahrnehmung und Intuition weniger ausserhalb des Kreises von Wahr und Falsch, als über demselben: sie sind immer wahr. Indes hält Aristoteles das letztere bei der Wahrnehmung nicht unbedingt fest.[2]) Täuscht sie aber, dann liegt meist oder immer eine Art Urteil vor, z. B. wenn in der Wahrnehmung schon die Beziehung auf einen bestimmten Gegenstand mitgedacht wird.[3])

Ist aber die Gefahr der Täuschung bei der Sinneswahrnehmung eine äusserst geringe, so ist sie um so grösser bei den Phantasievorstellungen und in der Wahrnehmung der gemeinsamen Objekte vermittelst des inneren Sinnes. Ebenso im Gebiete der Meinung, deren Wahrheit eine Mittelstellung zwischen der notwendigen Wahrheit und der Falschheit einnimmt, da das Objekt der Meinung sich jederzeit ändern, und damit auch ein Urteil, das jetzt noch wahr ist, d. h. dem tatsächlichen Zustand der Sache entspricht, nach längerer oder kürzerer Zeit darum falsch werden kann, weil es mit der Sachlage nicht mehr übereinstimmt.

Oberstes Gesetz der Wahrheit ist nach Aristoteles der Satz des Widerspruchs. Dazu kommt noch das Prinzip des ausgeschlossenen Dritten, das aber seinerseits doch bereits den Satz des Widerspruchs voraussetzt. Als ontologische Gesetze sind diese beiden nicht bloss die formalen, sondern auch die materialen Prinzipien der Wahrheit.

Die „allgemeinen und notwendigen Regeln des Verstandes" sind zwar auch nach Kant „Kriterien der Wahrheit"; „denn was

---

[1]) Vgl. 1027, b, 18 ff.
[2]) 428, b, 18.
[3]) ... ὅτι μὲν γὰρ λευκόν, οὐ ψεύδεται, εἰ δὲ τοῦτο τὸ λευκόν, ἢ ἄλλο τι, ψεύδεται. l. c.

diesen widerspricht, ist falsch, weil der Verstand dabei seinen allgemeinen Regeln des Denkens, mithin sich selbst widerstreitet. Diese Kriterien aber betreffen nur die Form der Wahrheit, d. i. des Denkens überhaupt und sind sofern ganz richtig, aber nicht hinreichend. Denn obgleich eine Erkenntnis der logischen Form völlig gemäss sein möchte, d. i. sich selbst nicht widerspräche, so kann sie doch noch immer dem Gegenstande widersprechen".[1]) Materielle Wahrheit können diese formalen Prinzipien nach Kant also nicht gewähren. Der Satz des Widerspruchs ist zwar die conditio sine qua non, aber nicht der Bestimmungsgrund der Wahrheit unserer Erkenntnis.[2])

Als formale Kriterien der Wahrheit führt Kant ausser dem Prinzip des Widerspruches und der Identität den Satz des zureichenden Grundes und den des ausschliessenden Dritten an. Bezüglich der „formalen Wahrheit" und deren Kriterien erhebt sich also keine Schwierigkeit. Denn dieselbe „besteht lediglich in der Zusammenstimmung der Erkenntnis mit sich selbst bei gänzlicher Abstraktion von allen Objekten insgesamt und von allem Unterschiede derselben".[3])

Schwieriger ist die Frage nach der materialen Wahrheit der Erkenntnis. Sie besteht auch nach Kant in der Übereinstimmung der Erkenntnis mit Objekten.[4]) Dies aber ist nur dadurch möglich, dass die Objekte nach den Regeln des Verstandes, den Kategorien, allererst gestaltet werden. Von diesen Verstandesregeln sagt Kant, dass sie „nicht allein a priori wahr sind, sondern sogar der Quell aller Wahrheit, d. i. der Übereinstimmung unserer Erkenntnis mit Objekten dadurch, dass sie den Grund der Möglichkeit der Erfahrung, als des Inbegriffs aller Erkenntnis, darin uns Objekte gegeben werden mögen, in sich enthalten".[5]) In der Beziehung auf die Möglichkeit der Erfahrung besteht also nach Kant die Wahrheit, „die transscendentale Wahrheit, die vor aller empirischen vorhergeht".[6])

---

[1]) Kr. 82.
[2]) Kr. 151.
[3]) Logik VII, Hartenstein 1838, I, 377.
[4]) „In dieser Übereinstimmung einer Erkenntnis mit demjenigen bestimmten Objekte, worauf sie bezogen wird, muss aber die materielle Wahrheit bestehen." Logik, Einl. VII, Hartenstein 1838, I, 377.
[5]) Kr. 222.
[6]) Kr. 148.

Noch schärfer als Aristoteles betont Kant, dass Wahrheit und Irrtum nur im Urteil sich finden.¹) Mit Rücksicht auf die Aristotelische Auffassung von der Irrtumslosigkeit der Sinneswahrnehmung erklärt er: „Man kann also zwar richtig sagen: dass die Sinne nicht irren, aber nicht darum, weil sie jederzeit richtig urteilen, sondern weil sie gar nicht urteilen."²) Dazu kommt entsprechend der Unterscheidung von analytischen und synthetischen Urteilen, dass das Gebiet der Wahrheit im eigentlichen Sinne auf die letzteren eingeschränkt ist, denn nur bei ihnen kann man von einer Übereinstimmung der Erkenntnis mit Objekten reden, da nur ihnen gegenständliche Gültigkeit zukommt.

Infolge der engen Verknüpfung von Notwendigkeit, Objektivität, Wahrheit musste naturgemäss der Wahrheitsbegriff bei Kant einen vom Aristotelischen durchaus verschiedenen Charakter annehmen. Nach Aristoteles sind Wahrheit und Irrtum auch nur im Denken, im Urteilen, aber der Grund der Wahrheit liegt doch ausserhalb des Denkens im Objekt.

Das Seiende ist der Massstab für die Erkenntnis. Wenngleich die Verbindung bezw. Trennung der einzelnen Vorstellungen eine rein subjektive Tat des Urteilenden ist, so kann nach Aristotelischer Auffassung von Wahrheit des Urteils doch nur dann die Rede sein, wenn dasselbe ein Abbild der realen Wirklichkeit darstellt. Wie freilich das Urteil — eine Verbindung von Vorstellungen — mit der realen Wirklichkeit, die uns niemals an sich, d. h. so wie sie ist, sondern immer nur in Vorstellungen gegeben ist, verglichen werden könne, bleibt das letzte unlösbare Rätsel. Die Auflösung dieser Aufgabe ist, wie Kant sich ausdrückt, „schlechthin und für jeden Menschen unmöglich".³) Nach Aristoteles verbürgt nicht die Überzeugung, die subjektive Gewissheit die Wahrheit, vielmehr ergiebt sich diese erst aus dem Beweis der realen Gültigkeit der Vorstellungsverbindung.

Anders bei Kant. Für ihn ist das Wahrheitsbewusstsein, d. h. eben das Bewusstsein der Notwendigkeit der jeweiligen Verknüpfung der einzelnen Vorstellungen im Urteil das Kriterium der Wahrheit. Die reale Welt im Sinne des Aristoteles, d. h. das

---

¹) „Der Irrtum sowohl als Wahrheit ist nur im Urteile". Logik, Einl. VII. Ausg. v. Hartenstein 1838, I, 380.

²) Kr. 261.

³) Logik, Einl. VII, Anfang.

Ding an sich im Sprachgebrauche Kants, kann nicht Massstab der Wahrheit sein, weil es für den menschlichen Verstand gänzlich unerreichbar bleibt. Das Ding an sich kann höchstens die Vorstellungen wecken, aber die Vorstellung giebt nicht etwa das adäquate Abbild des Dinges an sich, sie bietet uns nur das Ding, wie es — geformt und gebildet durch Sinnlichkeit und Verstand — erscheint. Das Objekt, das uns gegeben ist, ist immer nur Erscheinungsobjekt, Erscheinung. In gewissem Sinn kann also die Übereinstimmung der Erkenntnis mit dem Objekt, wie Kant sie fasst, eine Übereinstimmung der Erkenntnis mit sich selbst genannt werden. Und doch redet auch Kant mit Recht von Wahrheit der Erkenntnis. Jedes Objekt (im Sinne Kants) ist bedingt einerseits durch ein reales Moment, die Empfindung, andererseits durch ein ideales, die Verstandesform. Nur beide Elemente zusammen geben ein wirkliches Erfahrungs- bezw. Erkenntnisobjekt, eine Erscheinung, eine objektive Vorstellung. Diese stellt ein vorbewusstes Produkt von Verstand und Sinnlichkeit dar, und weil sie nicht eine willkürliche Schöpfung des Verstandes ist, tritt sie dem letzteren mit dem Charakter der Notwendigkeit und infolgedessen mit einer gewissen Unabhängigkeit gegenüber. Indem nun diese objektive Vorstellung, die sich jeder bewussten Kontrolle entzieht, im individuellen Bewusstsein eine subjektive Vorstellung erzeugt — oder vielleicht besser ausgedrückt — zur subjektiven Vorstellung wird, ist für Wahrheit und Falschheit Raum gegeben. Stimmen die beiden Vorstellungen überein, so ist die Erkenntnis wahr, enthält dagegen die subjektive Vorstellung mehr oder weniger als die objektive, oder wird gar eine bloss subjektive Vorstellung für objektiv gehalten, so ist die (scheinbare) Erkenntnis falsch. „Wahrheit für den individuellen Geist ist darnach, um mit Windelband[1]) zu reden, Übereinstimmung der individuellen mit der überindividuellen Vorstellung."

---

[1]) Geschichte der neueren Philosophie II, 79.

Ergänzungshefte der „Kantstudien".
(Verlag von Reuther & Reichard in Berlin W. 9.)

Nr. 1. *Guttmann, J.*, **Kants Gottesbegriff in seiner positiven Entwicklung** (Mk. 2.80, für Abonnenten der „Kantstudien" Mk. 2.10).

Nr. 2. *Oesterreich, K.*, **Kant und die Metaphysik** (Mk. 3.20, für Abonnenten der „Kantstudien" Mk. 2.40).

Nr. 3. *Döring, O.*, **Feuerbachs Straftheorie und ihr Verhältnis zur Kantischen Philosophie** (Mk. 1.20, für Abonnenten der „Kantstudien" Mk. 0.90).

No. 4. *Kertz, G.*, **Die Religionsphilosophie Joh. Heinr. Tieftrunks. Ein Beitrag zur Geschichte der Kantischen Schule. Mit einem Bildnis Tieftrunks** (Mk. 2.40, für Abonnenten der „Kantstudien" Mk. 1.80).

Nr. 5. *Fischer, H. E.*, **Kants Stil in der Kritik der reinen Vernunft nebst Ausführungen über ein neues Stilgesetz auf historisch-kritischer und sprachpsychologischer Grundlage** (Mk. 4.—, für die Abonnenten der „Kantstudien" Mk. 3.—).

Nr. 6. *Aicher, Sev.*, **Kants Begriff der Erkenntnis, verglichen mit dem des Aristoteles.** Gekrönte Preisschrift (Mk. 4.50, für die Abonnenten der „Kantstudien" Mk. 3.60).